LAURE GONTIER

Photographies de LAËTITIA WAJNAPEL

GOOD VIBRATIONS

LE BONHEUR
À LA CALIFORNIENNE

FIRST Editions

ISBN : 978-2-412-03040-0
Dépôt légal : octobre 2017
Imprimé en Espagne
Mise en pages & illustrations : Iris Glon
Photographies : © Laëtitia Wajnapel
Correction : Ségolène Estrangin

Éditions First, un département d'Édi8
12, avenue d'Italie 75013 Paris - France Tél. : 01 44 16 09 00 Fax : 01 44 16 09 01 Email : firstinfo@efirst.com
www.editionsfirst.fr

SOMMAIRE

LOS ANGELES
Sun Valley
Studio City
HOLLYWOOD
Pasadena
Bel-Air
Los Feliz
Beverly Hills
Silver Lake
Pacific Palisades
Malibu
Santa Monica
Downtown L.A.
Venice
Long beach
San Pedro
N
O
E
S

INTRODUCTION

Si le fameux art de vivre français, ainsi que son ambassadrice internationale, la French Girl, font rêver dans le monde entier… le *Californian lifestyle* et sa non moins mythique California Girl les talonnent. Prononcez ces mots magiques et immédiatement affleurent des visions de plages, de surfeurs, de soleil perpétuel, de palmiers, de paysages immenses et préservés, antidotes à nos villes un peu trop grises. Ensuite surgissent des visions de jeunes gens souriants sur des corps idéalement musclés et bronzés, la « coolitude » en étendard et, pour les filles, le short en jean, les cheveux en cascade et les pieds nus en guise d'uniforme. On les visualise en contre-jour, tantôt s'adonnant au volley-ball sur le sable, tantôt alanguis à contempler le coucher du soleil. Finissent enfin par arriver des notions qui font du bien rien qu'à les dire, comme « jus détox », « gourou du bien-être », « coach des stars »… Un mélange de glamour et de douceur de vivre, de lâcher-prise et de panoramas de carte postale, avec en prime le signe « Hollywood » et le *Good Vibrations*, des Beach Boys, pour emballer le tout.

Cette imagerie, on s'en doute, est aussi partielle que celle qui résume la France au musée du Louvre, à la baguette, à la pétanque, à Catherine Deneuve et aux repas qui durent des heures. Elle nous vient du cinéma, des films de surf en Technicolor des années 1960 jusqu'au dansant et pimpant *La La Land*, en passant par le mystérieux et envoûtant *Somewhere*, de Sofia Coppola, elle nous vient de la peinture, avec David Hockney et ses infinies variations sur les piscines californiennes, elle nous vient de la musique, des mélodies survitaminées des Beach Boys aux entêtants *California Dreamin'* et *Hotel California*, elle nous vient d'innombrables séries télé telles que *Drôles de dames, Beverly Hills 90210, Le Prince de Bel-Air, Alerte à Malibu, Newport Beach*. Elle nous vient plus rarement de la littérature, moins prompte à exalter sans ciller son image de bonheur, même si *Moins que zéro*, de Bret Easton Ellis, ou la série des *Chroniques de San Francisco*, d'Armistead Maupin, suscitent aussi une fascination, magnétique dans un cas, amicale dans l'autre… Elle nous vient aussi des magazines, des sites ou des blogs qui adorent vanter les derniers « trucs » *made in* Californie sur le terrain du mieux-être.

Car ce qu'il y a d'extraordinaire, c'est que la Californie n'a jamais cessé d'être cette terre de liberté et de créativité, à la fois épicentre politique (c'est le décor de l'idéal *Peace and love* dans les *seventies*, de la défense des droits des homosexuels, du partage de l'information avec les geeks d'aujourd'hui) et laboratoire avant-gardiste. Son Hollywood continue d'hypnotiser grâce à son passé prestigieux, mais, loin de l'enfermer dans la naphtaline, ses nouvelles icônes ont donné lieu à une génération d'activistes, d'engagés et, plus inédit, de femmes entrepreneuses qui, sous la lumière des projecteurs, facilitent l'ouverture des portes pour toutes les autres. Gwyneth Paltrow est partie d'une simple newsletter de conseils pour créer son géant du *lifestyle*, Goop. Jessica Alba a bâti un empire baptisé Honest en misant sur la cosmétique bio. Cameron Diaz enseigne ses astuces de sport, de nourriture et de bonne humeur dans des livres best-sellers. Pas besoin d'être connu dès le départ : Sophia Amoruso a démarré en vendant sur eBay des vêtements chinés, en a tiré le mastodonte de la *fast-fashion* Nasty Gal, et a livré ses secrets en incitant les femmes à l'*empowerment* dans un livre intitulé *#GirlBoss*. De même pour une infinité de « yogis des people », « maquilleurs des oscars » et autres intervenants de l'ombre qui, régulièrement mis en lumière, se hissent au rang de stars. Ainsi se sont inventés les codes d'un mélange de proximité et d'extraordinaire, que l'on peut retrouver au hasard dans le hip-hop (hello, Kanye West) ou ailleurs dans la mode (coucou, Kendall Jenner).

Bref, la Californie reste de génération en génération à la fois proche et lointaine, accessible et inatteignable, transparente et fascinante, et son *lifestyle* aussi iconique que la dolce vita italienne ou le *hygge* danois. Pas de Vespa, mais une attitude positive face au quotidien, à l'effort, à la nourriture, comme ce livre aura l'occasion de le détailler. Pas de chaussettes en grosse laine, mais une attention particulière aux marques de vêtements éthiques, à la cosmétique bio et à

la décoration apaisante. C'est sûrement cela (bon, et aussi les impératifs de travail) qui a attiré un cumul de plus de 40 000 Français expatriés ! D'après les chiffres du consulat français publiés en 2015, plus de 22 654 de nos compatriotes vivent à Los Angeles et presque 20 000 à San Francisco… ce qui fait de la Californie la région plus *French-friendly*. Pour info, nous sommes 30 000 à New York, puis, loin derrière, environ 13 500 à Washington, 11 200 à Miami, 11 000 à Chicago (mais moins de 1 000 à La Nouvelle-Orléans, ville pourtant tellement associée à la France).

Quarante mille Français expatriés… dont moi, qui après des années à venir et revenir en touriste, ai fini par m'installer à Los Angeles il y a trois ans, titillée comme tout le monde par la qualité de vie. Ça, et la lassitude d'une météo maussade, le désir de développer de nouvelles expériences, de nouveaux projets professionnels, et l'opportunité de rendre mes filles bilingues. Sans oublier un trait de caractère qui m'a souvent fait envie : le souci de faire plaisir !

J'ai eu depuis l'occasion de le remarquer dans tout un tas de domaines, mais autrefois, en tant que visiteuse de passage, c'est ce sens du client qu'ont les Américains qui m'a d'abord frappée. On parle souvent de leur rapport empressé, ce service limite obséquieux, limite enquiquinant, mais dans lequel on est toujours gratifié d'un « *Thank you for coming!* » tintinnabulant même si l'on n'a rien acheté : un mélange de positivité naturelle, certes, et surtout de fidélisation, le vendeur ayant bien conscience que ne se joue pas qu'une question d'achat immédiat, mais aussi une question d'image de la boutique ou de la marque. D'ailleurs, le pays qui a inventé le fast-food et le *drive-through* possède un esprit pratique qui ne cessera jamais de me bluffer. Les commerces ouverts le dimanche. Les supermarchés vingt-quatre heures sur vingt-quatre. Oh, et le caissier ou un assistant qui vous glisse vos yaourts, vos bananes et vos spaghettis dans des sacs pendant que vous attendez les bras croisés ! À vrai dire, je commets systématiquement un impair chez Trader's Joe (supermarché qui serait l'équivalent du rayon alimentation de Monoprix : une ligne maison pas trop chère et des packagings funky) : en bonne Française, je ne peux m'empêcher de tout attraper et de mettre moi-même dans des sacs pendant que le caissier scanne, ce qui me vaut des remerciements chaleureux (« *Thank you so much for bagging!* ») et des remontrances de mon homme (« Tu le vexes, ça signifie qu'il fait mal son boulot »). Il n'y a pas si longtemps, nous les Français (qui n'avions pas encore vu le phénomène s'exporter chez nous) contemplions également d'un œil curieux et fasciné ces coffee shops remplis de clients planqués derrière leur ordinateur portable à profiter du Wi-Fi gratuit pendant des heures. Ils n'ont même pas besoin de consommer : le *refill* est quasiment considéré comme un droit, c'est moins vrai aujourd'hui avec la vogue des adresses branchées dans lesquelles un cappuccino hors de prix est préparé avec une minutie de chef par un barista superstar, mais la tradition reste que le café ou les sodas soient à volonté. Même moi qui suis accro au thé, je peux redemander de l'eau chaude et, tada… un tout nouveau sachet, sans me le voir facturer.

Bref, l'Amérique, c'est fantastique… et en plus il y a des broyeurs au fond des éviers, ce qui permet d'éplucher ses légumes sans avoir à ouvrir sa poubelle.

Comme un envers du décor…

On s'en doute : je n'ai pas tardé à découvrir un envers du décor. Lorsque je me suis installée, c'était l'été 2014, on était en pleine *love story* Obama (pas tant au niveau local, la population le jugeait trop timoré dans sa politique, mais au niveau international, puisque le monde entier admirait cet homme au groove inimitable et à l'épouse formidable). Aujourd'hui, la face cachée de l'Amérique n'est plus un mystère pour personne, et cela depuis très exactement le 8 novembre 2016, date à laquelle une majorité qui s'était levée pour voir élire une femme président des États-Unis (même son adversaire le pensait !) a assisté, médusée, à l'élection… de Donald Trump, bah oui, ce milliardaire aux casseroles innombrables, twittant comme un adolescent, décrit partout comme raciste, misogyne, inexpérimenté et court en idées, malgré tout plébiscité par presque 63 millions de votants. Les phares ont ainsi été braqués sur la fracture du pays, à la fois historiquement fier de son unité, et profondément divisé.

Il devient ardu, dans ce contexte, d'écrire sans le moindre battement de cils une ode à la vie californienne. Merci Sophie, mon éditrice favorite, de m'avoir proposé ce sujet passionnant… et complexe !

Certes, la Californie, berceau de la contestation dans les années 1960, icône de la contre-culture des années 1970, défenseur des droits des homosexuels, a toujours fait office d'État à part : on y vote massivement démocrate, on y serait moins crispé et plus relax (est-ce l'effet de cette *medical marijuana* que l'on voit en vente – et que l'on renifle ! – à chaque coin de rue ?!). Sur l'immense carte des États-Unis, les Californiens, à l'instar des New-Yorkais, se sentent un peu différents... à tel point que des pétitions et des rassemblements émergent pour que l'État acquière son indépendance et devienne un pays à part entière. Et pourtant, à Los Angeles, il m'est arrivé de croiser des gens portant un tee-shirt en soutien à Donald Trump (même si j'avoue avoir surtout vu une infinité de visuels anti-Trump, tous plus inventifs et plus drôles les uns que les autres)... Les paradoxes abyssaux de ces *United States of America* que d'ailleurs nous, Français, admirons autant que nous les critiquons, qui nous fascinent autant qu'ils nous interloquent, font qu'il sera facile d'émettre une objection à pratiquement tout dans ce livre : à la promesse d'un mode de vie *healthy*, opposer l'obésité, la malbouffe, que l'on croise aussi sur les plages de Santa Monica ; à la nature, ces autoroutes ahurissantes qui bétonnent le paysage et dont la construction a parfois décimé des quartiers entiers ; à une pensée positive qui illumine le quotidien, évoquer l'actualité incessante d'un port d'arme qui fait des ravages, la pression générée par l'absence d'allocation chômage et les seulement deux semaines de vacances ; au charme de la déco californienne, répondre par les plus de 5 000 sans domicile fixe massés à Skid Row, le quartier le plus désolé de L.A...

Mais puisque l'océan Pacifique n'est qu'à trente minutes de voiture de chez moi... je me jette à l'eau !

Parce que, en trois ans, j'ai appris à apprécier toute la splendeur du mode de vie californien, un mode de vie attachant, inspirant, ressourçant (qui se cristallise souvent sur Los Angeles, à vrai dire. San Francisco, par exemple, n'a pas exactement les mêmes caractéristiques, et n'est pas le même synonyme d'idéal). Ce mode de vie, je l'ai observé à travers mes yeux de Parisienne, émerveillée, parfois déconcertée, apprenant et prenant ce qu'il y a à y prendre, en tirant toutes les conclusions que l'on peut en tirer – que l'on demeure sous les palmiers ou ailleurs. Le hasard va bientôt me pousser à rentrer vivre en France. Inutile de préciser que j'emporterai dans mes bagages cette philosophie ensoleillée en prévision des jours gris, et que même à des milliers de kilomètres de distance, je réveillerai la Cali Girl qui sommeille en moi.

LOS ANGELES

Ville la plus peuplée de Californie :

4 042 000

habitants au 1er janvier 2017.

1290,6 *km²*

Superficie de Los Angeles

(PS : les limites administratives de la ville sont complexes, et plusieurs quartiers perçus comme emblématiques, tels Beverly Hills et Santa Monica… sont en réalité des communes indépendantes ! Mais elles sont « la plupart du temps culturellement confondues avec elle » : c'est Wikipédia qui le dit, et c'est aussi le point de vue de tous les habitants, dont moi au travers de ce livre).

3^e^

classement des top cities

Lonely Planet 2017

3e place derrière Bordeaux (France) et Cape Town (Afrique du Sud).

HILARY CLINTON VS **DONALD TRUMP**

65 853 516 — **62 984 825**

Nombre de voies obtenues à l'élection présidentielle de 2016

(soit plus de 2 millions de plus pour la première… qui a pourtant perdu en raison du système – compliqué – des grands électeurs).

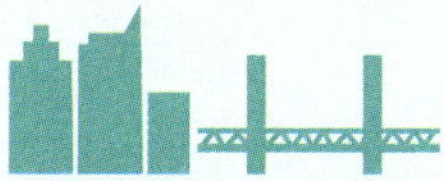

SACRAMENTO

Capitale de la Californie.

SAN FRANCISCO

4e ville de la Californie

en termes d'habitants :

874 000

habitants au 1er janvier 2017 derrière :

SAN DIEGO & **SAN JOSE**

1 392 000 *habitants* — **1 046 000** *habitants*

« S »

Nom de la mesure votée en 2017 permettant à Los Angeles de multiplier les buildings et autres projets immobiliers, afin de freiner la hausse des loyers et de pouvoir loger tous les aspirants à sa douceur de vivre. Une mesure très controversée…

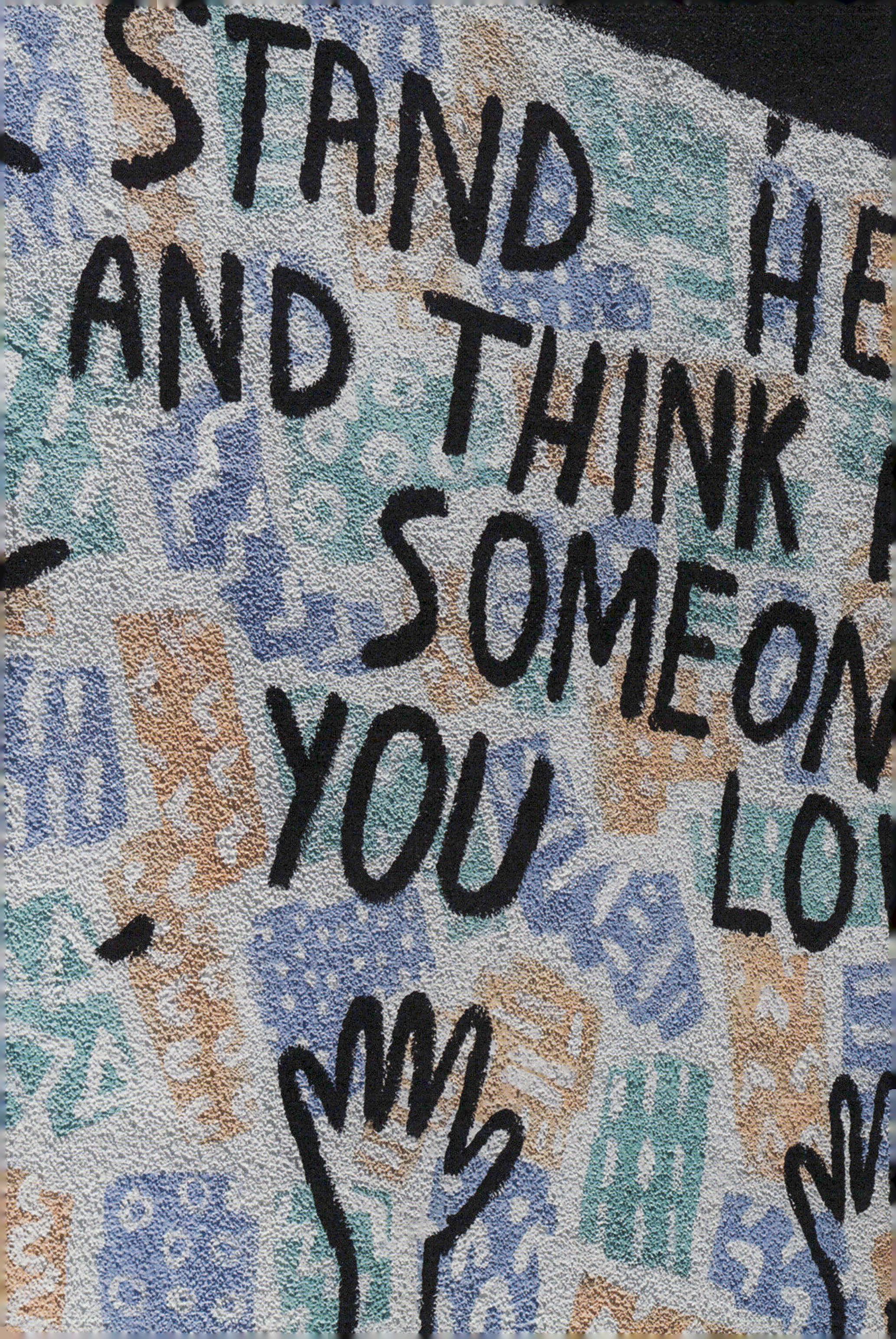
STAND
AND THINK
YOU

CHAPITRE 1

Think positive !

LE CHARME IRRÉSISTIBLE DE LA HAPPY THÉRAPIE

Los Angeles, L.A. pour les intimes, ou la « cité des Anges ». On dit aussi « Tinseltown » (*tinsel* signifie « clinquant », « brillant ») pour parler plus spécifiquement d'Hollywood, machine à rêves et à paillettes. Los Angeles donc, ses paysages et leur immensité incroyable, sa fameuse lumière rasante en fin de journée, ses maisons d'architecte à flanc de colline, ses fast-foods vestiges des années 1950, ses rues et ses bâtiments mille fois entrevus au cinéma : tiens, ici, le lycée de *Grease*, là, la rivière bétonnée du *Point de non-retour*, ailleurs, le Mulholland Drive de David Lynch ou le vieux cinéma de *The Artist*. Los Angeles et ses *concept stores* branchés qui poussent comme des champignons dans mon quartier de Silver Lake, ses brunchs pour lesquels je suis prête à rouler jusqu'à l'autre bout de la ville… Je pourrais m'extasier des heures sur ce qui me plaît dans L.A. Dans un univers aussi envoûtant, à mi-chemin entre fiction et réalité, comment ne pas trouver tout merveilleux, fabuleux, ou comme disent les Américains, *amazing* ?

Mais pas si vite. Si l'on démarrait plutôt par le début ? Par moi, qui atterris en Californie avec ma mentalité de Parisienne, c'est-à-dire… légèrement ronchonne, l'image de cette Parisienne ou de ce Parisien que, comme dit la pub, il vaut mieux avoir en journal. Heureuse et excitée par l'aventure, mais malgré tout prête à tout débiner : les distances ahurissantes et l'omniprésence de la voiture, le coût exorbitant du verre de vin, de l'assiette de fromage ou même du paquet de Pim's, la tendance qui fait du legging de yoga le nouveau jean, les jours de canicule qui sévissent chaque année en août, septembre, parfois encore en octobre…

Et là, moi, dont le mauvais esprit se heurte à des choses assez inattendues :

- Des sourires jusqu'aux oreilles !
- Un air d'être réellement content et intéressé de faire ma connaissance !
- Une humeur affable !
- Une convivialité spontanée !
- Des petites blagues ni cyniques ni aux dépens de qui que ce soit !
- Des compliments à tout-va !

Ce qui s'appelle de la « pensée positive », concept né dans les années 1950, souvent débattu, parfois assimilé à la méthode Coué, mais dont l'idée générale est que l'optimisme au quotidien permet d'atteindre un mieux-être. Étrange, pour moi qui débarquais avec ma froideur cassante… et très déstabilisant. Un jour, je me plaignais à une de mes nouvelles amies américaines de ce que je décrivais comme le vide culturel de Los Angeles. Elle m'a coupée d'un poli, souriant mais ferme « Je ne vois pas les choses comme ça, mais je t'en prie, continue ». Autant dire que j'ai eu du mal à poursuivre.

Good day sunshine !

C'est un cliché, bien sûr, mais il est vrai que les Français ont parfois la dent dure, l'enthousiasme rétif, la critique à fleur de peau, les idées grises, une manière de voir le verre à moitié vide. Et que surtout, surtout, ils adorent se plaindre de la météo.

On se plaint rarement de la météo, à Los Angeles. Et pas seulement parce qu'elle y est plus clémente que dans une infinité de villes du monde (à commencer par sa consœur californienne, San Francisco, habituée à vivre dans le crachin et le brouillard) ! En novembre démarre ce que l'on appelle l'« hiver », ne riez pas, c'est un véritable hiver, que l'on reconnaît à sa lumière froide, à ses arbres décharnés (certes pas tous : il pousse toutes les variétés imaginables, venues de tous les climats possibles, et les palmiers symboles de L.A. pétillent de santé toute l'année).

La nuit tombe à 5 heures du soir, en même temps qu'un froid qui rappelle ces westerns dans lesquels les cow-boys s'enveloppent dans une couverture et dorment face à un feu de bois dans le désert. Même si on a pu passer la journée en sweat-shirt, voire en tee-shirt pour les plus téméraires, on sort inévitablement la petite doudoune le soir. J'ai vu bon nombre de Français de passage se faire prendre au piège : croire dur comme fer au mythe voulant que « là-bas, on vit en tongs toute l'année », et arriver sans un seul gilet dans leur valise.

Mais l'hiver à L.A., c'est également un synonyme de… saison des pluies. Eh oui. Les lecteurs de Raymond Chandler le savent, habitués à imaginer son détective iconique de la ville, Philip Marlowe, enfiler son trench-coat pour résister aux gouttes : il peut tomber des trombes d'eau. « *It never rains in Southern California* [...] *It pours, man, it pours* », dit une chanson fréquemment citée de l'Anglais Albert Hammond, que l'on pourrait traduire par l'idée qu'il ne pleut jamais en Californie du Sud… mais qu'il pleut à verse ! Mes amis américains m'affirment qu'il n'y a pas si longtemps, les déluges pouvaient durer jusqu'à deux semaines non-stop. Dérèglement climatique oblige, les pluies se sont considérablement amoindries, jusqu'à aboutir à une sécheresse historique et préoccupante qui, lors de mes premiers mois d'exil, se traduisait par des montagnes brunes et sèches, les panneaux de risque de feu de forêt au niveau maximal, l'interdiction d'arroser sa pelouse certains jours, et même une nouvelle directive mettant fin au fameux verre d'eau servi d'emblée dans les restaurants avant même que le client ait commandé quoi que ce soit (désormais, il faut expressément demander au serveur d'apporter ledit verre d'eau).

L'hiver 2016-2017, la nature s'est, heureusement, bien rattrapée, avec un nombre record de journées pluvieuses, venteuses, tempétueuses – la totale ! C'était le capharnaüm sur les routes, des embouteillages encore plus impressionnants que d'ordinaire, des torrents d'eau qui déferlaient le long des trottoirs, des arbres plaqués à terre, des flaques d'eau géantes qui barraient le passage, des canyons rendus inaccessibles, et pourtant, personne ne râlait (ça, c'est le minimum), beaucoup, même, étaient contents, et le disaient. Pourquoi ? Parce que ces pluies bénéfiques pour l'environnement, pour les agriculteurs, pour la communauté, pour la simple beauté du paysage, méritaient que l'on se réjouisse haut et fort, leur importance allant bien au-delà de l'enquiquinement personnel. Grands utilisateurs d'Instagram, les Californiens ont célébré l'événement en photos, pas sur le mode #grossegalère mais plutôt #spectaculaire. Simple question de regard.

QUEL TEMPS FAIT-IL À LOS ANGELES ?

LE PLUS FRAIS…

*entre 9,8 °C **
*et 20,3 °C **.*

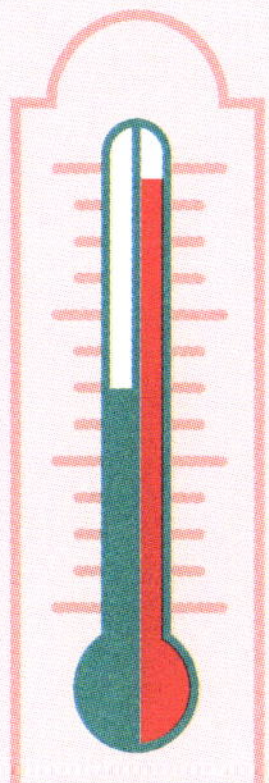

LE PLUS CHAUD…

*entre 18,8 °C**
*et 29,3 °C **.*

** Température minimale moyenne.* *** Température maximale moyenne.*

Il pleut en moyenne…

En janvier :

6,1 jours.

En août :

0,3 jour.

Sur l'année :

35,5 jours.

HOLLYWOOD
PSYCHIC
YOUR FUTURE
TAROT CARD &
PALM READER

THANK YOU, THANK YOU, THANK YOU !

La pensée positive est un pilier de la société américaine, une politesse, pourtant fréquemment raillée par le reste du monde. En France, on utilise l'expression un peu désobligeante de « sourire Ultra Brite ». On dénigre le caractère (trop) aidant des vendeurs, l'enthousiasme des serveurs au moment de la commande (combien de fois ai-je fait un « excellent choix », commandé « le meilleur plat de la maison »), tout en se plaignant de ce que le service sous d'autres latitudes soit souvent plus renfrogné. Les sempiternels *hugs* font sourire en coin. Bon, on aime bien les *high five*, cette manière spontanée, cool et assurée de lever la main droite pour aller claquer celle de son interlocuteur (parce qu'il a fait une bonne blague, parce que l'équipe de base-ball a gagné, parce que c'est le réveillon). Est-ce en réaction à une angoisse liée à l'époque, à la crise, à la planète, que sais-je, toujours est-il que cette positivité a enflé, entre l'époque à laquelle je venais aux États-Unis en vacances et aujourd'hui. Le traditionnel « *Have a great day* », « Passez une bonne journée », est devenu « *Have a WONDERFUL day* », « Passez une MERVEILLEUSE journée », l'adjectif étant prononcé avec emphase. J'ai même eu droit à des « *Have THE MOST WONDERFUL day* », « Passez LA PLUS MERVEILLEUSE des journées » ! Et ce ne sont pas nécessairement des proches qui me le disent. Cela peut très bien être le vendeur d'un magasin dans lequel je n'ai rien acheté.

Dans mon expérience du quotidien, j'ai toujours vu les Californiens chercher le positif. Je dirais même que j'ai bénéficié d'un regard bienveillant de leur part qui, en tant qu'expatriée, m'a fait énormément de bien. Je ne me suis jamais sentie moquée pour mon accent (qu'en éternelle *Française-qui-se-flagelle* je qualifie systématiquement d'« accent pourri »), personne ne témoigne jamais d'impatience lorsque je mets un temps fou à débiter une phrase, à trouver un mot, à exprimer une idée. C'est d'ailleurs un peu le revers de la médaille : certains font preuve de tellement de délicatesse à ne pas vouloir jouer les autorités supérieures qu'ils n'aideront jamais à terminer les phrases, préférant attendre patiemment que l'on réussisse à se dépatouiller avec ses propres pensées ! Dans un pays où il est de coutume de donner immédiatement son nom quand on rencontre quelqu'un et de dire sur un ton très assuré qu'on est heureux (voire « très heureux », ou « tellement heureux ») de le rencontrer, je ne me suis jamais sentie mise de côté. Cette bienveillance m'a particulièrement sidérée le jour où j'ai dû participer à un match de volley-ball à l'école de mes filles. J'ai toujours détesté le volley-ball, j'ai peur de la balle qui arrive sur moi, je préfère l'éviter, ou alors je la rattrape n'importe comment. Là encore, en pure French Girl, j'ai passé le match à maugréer « Je suis nulle » et autres « De toute façon, j'aime pas l'sport ». À la fin du match… plusieurs joueurs de mon équipe (qui venait de perdre !) sont venus me féliciter pour mon service (il est vrai, tout à fait correct). Il n'était pas question de me blâmer pour ce que je faisais mal. Il s'agissait de trouver l'élément positif, même le plus infime, pour m'encourager.

Vrai concept, avec ses chapelles, ses diktats, la pensée positive (et son corollaire, l'éducation positive) a donné lieu à pléthore de livres, en France comme aux États-Unis. Mais ici, il ne s'agit pas de cela : mon approche de la *positive thinking*, telle que j'en ai été témoin et telle que j'ai eu envie de m'en emparer, pour moi, pour profiter pleinement de mon exil et ne pas passer à côté de l'expérience, cette approche est simplement intuitive, fondée sur l'observation de mes nouveaux compagnons de route. Car autant dire que mon caractère bougon, à pointer les inconvénients plutôt que les avantages, ma pensée… négative, en fait, se sont vite trouvés en porte-à-faux avec ma nouvelle vie. C'était quand même franchement bêta : parcourir 9 000 kilomètres pour faire la tête, j'aurais très bien pu rester où j'étais ! J'aurais pu…

DÉDRAMATISER, EN MODE LOCAL

Stocker des morceaux de moldavite.

L'énergie de cette pierre issue de l'impact d'une météorite il y a 14,8 millions d'années est réputée pour dissoudre les blocages et accompagner la transformation personnelle. Des boutiques de *healing crystals* (« pierres guérisseuses ») s'ouvrent de plus en plus à Los Angeles, ville très mystique, dans laquelle des *psychic readers* (en gros, des médiums) officient depuis longtemps à chaque coin de rue. La lithothérapie, croyance dans les vertus des minéraux, était très à la mode dans le L.A. hippie des années 1970, puis est totalement tombée en désuétude. Aujourd'hui, certains membres du très prescripteur clan Kardashian seraient fans !

Variante : devenir un chaman des temps modernes

en ayant toujours près de soi, voire dans son sac à main, un sachet de minéraux, qui permet de faire le lien entre le monde spirituel et le monde matériel. Quartz (pour la communication), citrine (pour l'assurance), ambre (pour la relaxation), ou encore améthyste, cornaline, obsidienne, lapis-lazuli ou chrysocolle… Comment les choisir ? Les boutiques californiennes incitent à fermer les yeux, à joindre ses mains en un geste de prière, à ouvrir les yeux, et à prendre la pierre sur laquelle son regard tombe ; ou à passer rapidement sa main sur les rangées de cristaux, et à guetter la vibration ; ou plus prosaïquement, à écouter les conseils du vendeur.

Tester la chromothérapie

aussi appelée « cure des couleurs », mais pas en repeignant les murs de la maison, plutôt en utilisant cet indispensable de la vie sous les palmiers : les lunettes de soleil ! Une marque californienne qui existe depuis 1991 et s'appelle Color Therapy Eyewear propose des verres qui protègent des UV, tout en se déclinant dans des couleurs bien tranchées. Ces lunettes agiraient sur le bien-être mental, émotionnel et physique de celui qui les porte. Elles s'achètent en box de neuf pour les avoir toutes à sa disposition, ou une par une : la rouge pour développer son activité et son intuition, l'orange pour favoriser son enthousiasme et son énergie, la verte pour l'empathie et l'harmonie, la bleue pour l'assurance et l'endurance, l'indigo pour la concentration et l'imagination, la violette pour l'amour et la compréhension… En plus, leur look est très cool, et ça aussi, ça peut aider à dédramatiser !

Partir en colonie.

Ce n'est pas une plaisanterie : face aux colos traditionnelles des enfants, les *summer camps* pour adultes fleurissent. L'objectif : déconnecter. De son iPhone, de ses bambins, de son conjoint, de son boss… Certains ressemblent à des retraites bien-être au travers d'activités purifiantes, type yoga. D'autres jouent carrément la carte du retour régressif à l'adolescence : sports collectifs, ateliers bracelets de l'amitié, soirées marshmallows. Le concept fait fureur.

Respirer !

Incontestablement la technique la plus naturelle, la plus rapide et la plus efficace pour déstresser (tout en augmentant son système de défense immunitaire et en développant son intuition), vantée par les yogis et corroborée par la médecine. Pour les nerveux, ralentir sa respiration procure une sensation proche de celle d'un corps déjà détendu, et gonfler profondément ses poumons apporte un supplément d'oxygène. Au restaurant, au parc, il n'est pas rare de croiser quelqu'un en train de respirer. Pas juste pour survivre, hein. Mais les yeux fermés, concentré, à ne faire que ça, quelques minutes une ou deux fois par jour permettant de durablement se recentrer. Dans cette région de mégalopoles technoïdes, les geeks se ruent, via leur Smartphone, sur les applications de respiration qui, au choix, envoient des notifications pour rappeler de respirer/enseignent la cohérence cardiaque/accompagnent la respiration en pleine conscience…

Utiliser le pouvoir des plantes.

La Californie est aussi très nature, évidemment, et tournée vers l'aromathérapie, qu'on la cultive soi-même dans son jardin ou l'achète en fioles déjà prêtes. Aussi bien pour la déco que pour la détox, on a souvent un aloe vera chez soi, ou du bambou ou du lierre, qui purifient l'air de ses composantes chimiques et diffusent une sensation d'apaisement. Les huiles essentielles sont… essentielles, en diffuseurs pour la maison, ou en sprays antistress à dégainer avant une réunion, à pschitter sur son oreiller, tandis que malgré la sécheresse, tout *concept store* digne de ce nom se doit de proposer des sels de bain infusés de plantes relaxantes. Les effluves les plus fréquemment rencontrés : la lavande, la sauge, la vanille pour se détendre, l'eucalyptus pour se détoxifier et l'orange sanguine pour se vivifier.

Emprunter à ce dont on parle pour fabriquer son autothérapie.

Les phénomènes d'amalgames sont très courants dans la ville, et volontiers décriés : bien sûr, c'est du grand n'importe quoi, bien sûr, les dérives sont dangereuses, mieux vaut aller voir un vrai professionnel qui pratique une spécialité unanimement reconnue. Certes. Il n'empêche que mêler (mettons) l'acupuncture à la psychothérapie de bazar, agrémentées de préceptes bouddhiques et saupoudrées de positions de yoga, le tout sous la surveillance d'un kilo de moldavite et caché derrière ses lunettes violettes : c'est courant. L'important, c'est d'aller mieux.

Bon. Très cartésienne, j'ai surtout essayé d'appliquer à moi-même, à mon entourage et à mon quotidien ce regard bienveillant que les autres ont eu l'amabilité de poser sur moi… Mine de rien, ça permet d'apprécier bien des choses.

Enjoy !

Apprécier. *A-ppré-cier* : le mot est à la mode en ce moment, en Californie. On le retrouve via le verbe *to enjoy*, on l'entrevoit aussi via une utilisation tous azimuts de l'adjectif *grateful* (« reconnaissant »). À la base, les Américains ne font pas figure de champions de l'appréciation. Je m'étonne souvent, à l'heure du déjeuner, qu'ils aient le temps de s'asseoir, de commander, de manger, de payer et de s'en aller pendant que moi, à la table d'à côté, n'en suis qu'à mon entrée. Une phrase d'ailleurs qui, au restaurant, choque les oreilles françaises : « *Are you still working on this ?* », une sorte de « Vous bossez toujours là-dessus ? », question que posent les serveurs pour savoir si on en a fini avec son assiette. Certains insolents répondent : « *I'm not working, I'm enjoying !* » (« Je ne travaille pas, je déguste ! »). J'ai également été surprise par les mamans de l'école de mes filles, qui mettent un stress, une culpabilisation tels face à leur progéniture qu'elles s'en oublient elles-mêmes. Un jour, je prenais un café en terrasse avec une mère de famille pendant que nos enfants étaient à un anniversaire. J'étais ravie d'être avec elle, tranquille. Elle aussi l'était… et elle n'a pas cessé de le répéter. Une déferlante d'« Ah qu'on est bien à juste prendre du temps pour nous sans les *kids*. Ah ça fait des années que je n'ai pas fait ça. Ah je devrais faire ça plus souvent. Ah je devrais faire ça tous les week-ends ! » On peut dire qu'elle était en mode « *to enjoy* » ! Ce qui ne l'a pas empêchée, une demi-heure avant l'heure officielle pour récupérer les enfants, de tout arrêter afin d'arriver en avance, comme si revenait d'un coup la pression sociale de la maman parfaite.

Café Gratitude

Plusieurs adresses
à Los Angeles,
dont Venice, Downtown,
Beverly Hills…

http://cafegratitude.com/

Et pourtant… la population a sa manière à elle d'apprécier ce qu'elle vit. Mon exemple préféré, c'est un don inné pour traquer, pour apprécier les couchers de soleil. Il faut dire qu'ils sont si magnifiques, d'abord à Los Angeles, puis sur la côte ouest en général. Le long des plages, on croise toujours, en fin d'après-midi, une petite foule qui s'arrête de marcher un moment pour admirer dans toute sa splendeur ce moment si magique d'une journée californienne. Il m'est même arrivé de voir des motards (barbus, en cuir) descendre de leur Harley pour observer le soleil se coucher ! L'appréciation passant volontiers par les réseaux sociaux, on en profite pour sortir son Smartphone. Plus globalement, on se réjouit de la proximité de la nature, et des paysages vertigineux à deux pas (ou deux heures). Les Américains sillonnent énormément leur pays, et prennent d'assaut leurs parcs nationaux : les forêts de pins de Yosemite, les déserts colorés de la vallée de la Mort, les prairies de cactus de Joshua Tree. À la moindre occasion, les Angelenos filent dans la très design Palm Springs, plongent dans les sources chaudes de Desert Hot Springs, partent faire des folies à Las Vegas, remontent la sublime Pacific Coast Highway, dévalent les pistes de ski à Mammoth Mountain… Il est vrai qu'il y a une chose très pratique : à quelques exceptions près (comme le 4 juillet, jour de la fête de l'Indépendance), les jours fériés sont le lundi, ce qui fait qu'au Labor Day (premier lundi de septembre) ou au Martin Luther King Day (le troisième lundi de janvier), la plupart des travailleurs ont un week-end de trois jours, et le transforment en un vrai temps de vacances. On peut dire que le législateur a bien œuvré pour permettre d'apprécier ses jours fériés !

Une minichaîne de restaurants a fondé son image et son succès sur ces notions d'appréciation et de reconnaissance. Elle s'appelle… Café Gratitude. Of course.

L'ENSEIGNEMENT DU CAFÉ GRATITUDE (... ET LE MIEN) POUR APPRÉCIER :

Avoir des assiettes sur lesquelles est inscrite la devise du restaurant : « What are you grateful for ? » (« Pour quoi êtes-vous reconnaissant ? »).

Se poser une question du jour, celle que posent les serveurs lorsqu'ils prennent la commande : qu'est-ce qui vous inspire ? Quand vous sentez-vous le plus puissant ? Qu'est-ce que vous aimez dans cette journée ? Qu'est-ce qui vous apporte la paix ? Quand apprenez-vous quelque chose ? Quelle est votre plus grande qualité... ?

Avoir conscience de la beauté et de la richesse de la nature... et de sa fragilité. Manger 100 % végétal, bio, sain, de saison, mettre l'accent sur le cru.

« Aimer la vie, s'aimer soi, accepter le monde qui nous entoure, être généreux et reconnaissant chaque jour », dit le site du Café Gratitude.

Méditer mon cas. Pour éviter de laisser mes mauvaises pensées flotter dans mon cerveau au détriment des bonnes, je me suis mise à la pratique du *gratitude journal*, qui a explosé il y a plusieurs années aux États-Unis et est arrivée plus récemment en France – même si le procédé reste ancestral, proche du journal intime. Le concept ? Consigner dans un carnet tous les jours (ou tous les deux jours, tous les trois jours, peu importe, il ne s'agit pas d'ajouter une contrainte supplémentaire à son quotidien) les moments positifs de la journée, ceux qui nous ont fait nous sentir bien, ceux pour lesquels on est reconnaissant. Ce peut être un excellent dessert tout comme un collègue qui aide à boucler un dossier, un instant hilarant, un épisode touchant ou un détail intéressant, un plaisir totalement égoïste, futile, ou un de ces événements qui redonnent foi en l'homme ou en l'avenir... Je me suis mise au *gratitude journal* quelques mois après mon arrivée, et c'est très amusant à relire, ça va du sentiment d'avoir été efficace sur une mission à l'odeur du jasmin qui a fleuri dans le jardin, de la découverte d'une galerie d'art à « Papoter avec des parents à la réunion de l'école ».

CAFÉ GRATITUDE
I AM GROUNDED
7 DAYS A WEEK

LA BANDE-SON DU CALIFORNIA DREAM

California Girls, *Surfin' USA* et *Good Vibrations*, des Beach Boys

Un concentré du soleil des sixties et de la *beach culture*.

California Dreamin', de The Mamas and the Papas

Écrite en 1963 à New York par deux des leaders du groupe, qui se languissaient de la Californie !

Hotel California, des Eagles

Plus mélancolique, ce classique un million de fois entendu propulse en plein *spirit* des années 1970.

L.A. Woman, des Doors

Le *California dream* ? Plutôt l'atmosphère poisseuse du Strip, sublimée par la voix rauque de Jim Morrison !

Barefoot in Beverly Hills, de Grace Jones

Je n'ai pas connu le Beverly Hills des années 1980, mais j'arrive à le visualiser au son de cette rythmique entêtante.

I Love L.A., de Randy Newman

Cette chanson de 1983, scindée de « *We love it !* » chantés par la foule, ne délivre pas un message 100 % positif sur Los Angeles. Jouée dans n'importe quel café, elle a malgré tout le son de la ville.

Californication, des Red Hot Chili Peppers

Là encore, pas vraiment une ode à la Californie, mais une chanson langoureuse par un groupe originaire de L.A.

Happy, de Pharrell Williams

Pour le clip qui met en scène tout un tas de rues, de ponts, de parkings, de coins et de recoins de Los Angeles.

Another Day of Sun, de Justin Hurwitz

La chanson super-vitaminée qui ouvre le film *La La Land* et son spectaculaire numéro dans un embouteillage de L.A. !

CHIT-CHAT

À Los Angeles, on ne dit pas « *Hello* », on dit « *Hellll-looooow* » très doucement ou « *Hellooooo !!!* » bien gaiement. Ce n'est pas un bonjour automatique : c'est un bonjour qui vient du cœur. Un bonjour en pleine conscience, que ce soit volontaire ou pas. De même, un vendeur ou un serveur accueille toujours le client d'un « *How are you today ?* » (« Comment allez-vous aujourd'hui ? » – ne pas oublier le « aujourd'hui »).

La communication est essentielle dans la pensée positive des Californiens. Les habitants ont systématiquement le ton enjoué. Avec eux, la convivialité est posée d'emblée. Leur va-tout, c'est le *chit-chat*, le bavardage, qu'ils brandissent autant qu'il leur est humainement possible de le faire.

COMPRENDRE ET PRATIQUER LE CHIT-CHAT :

• Il ne s'agit pas du bavardage à la française, assis à une table de café ou en fin de repas, et qui peut durer de longues heures.

• Ce n'est pas non plus un plan drague : on s'adresse de la même manière à la belle fille qu'à la vieille dame au petit chien.

• Le *chit-chat*, c'est du bavardage à tout moment de la journée, en tout lieu, généralement rapide, très souvent debout. Un petit papotage avec le caissier du supermarché. Un autre dans la file d'attente du cinéma.

• Au restaurant, il n'est pas du tout considéré comme intrusif d'interroger le couple d'amoureux à la table d'à côté pour savoir ce qu'il mange, et si c'est bon. Parfois, plusieurs tables se mettent à faire la conversation longuement et joyeusement ! Beaucoup de contacts se font comme cela, dans une ville qui adore le *networking* (créer des réseaux de travail, qu'il s'agisse de développer soi-même son réseau en faisant son autopromo ou bien d'aider les autres à augmenter leur réseau en les mettant en contact).

• Malgré tout, le *chit-chat* correspond généralement à une démarche désintéressée. Il n'y a rien à y gagner... si ce n'est du lien social. La notion est primordiale, dans une mégalopole où l'on passe également des heures seul dans sa voiture à effectuer des trajets, et où l'on peut aussi très facilement se retrouver penaud devant son hamburger sans qui que ce soit pour engager la conversation.

• Le *chit-chat*, c'est un minimum de présence humaine, de chaleur. C'est quelque chose de très réjouissant qui ouvre à l'autre, et qui peut être recyclé dans n'importe quelle autre ville du monde.

• Ce sont des petits mots qui ne doivent jamais être cyniques, ou amers, ou désabusés (il ne s'agit pas de critiquer quelqu'un ou quelque chose, ou de faire une blague spirituelle mais pas sympa) et qui donnent une impression, au moins le temps de quelques secondes, d'une petite vie de quartier.

• C'est éphémère. L'essence du *chit-chat*, ça n'est pas de faire répéter, ça n'est pas de perdre du temps : c'est l'instantanéité, la spontanéité. J'en ai fait les frais : mieux vaut être parfaitement bilingue pour « chit-chater » en Anglais.

• Le *chit-chat*, c'est aussi cette chose merveilleuse qui flotte dans les airs... le compliment gratuit !

Ah, le nombre de compliments que j'ai reçus (très abusivement, j'en suis sûre) en déménageant. Personnellement, lorsque je croise quelqu'un que je trouve bien habillé, c'est une réflexion que je me fais dans ma tête – et uniquement dans ma tête. Si je décide d'en faire part à la personne, c'est pour en tirer une véritable information, la marque par exemple. À Los Angeles, j'ai constaté qu'il fallait absolument extérioriser sa pensée, quitte à courir après la personne et à repartir juste après. Le *chit-chat* jusqu'à son point extrême.

Mon dentiste a adoré mes baskets. D'autres ont aimé ma robe, mes lunettes, mon sac à main, la couleur de mon vernis à ongles, ont trouvé mon accent *very nice*. Allez savoir pourquoi, on m'a félicitée pour le film *The Artist*, quand bien même je n'y suis pour rien, mon seul lien étant… d'être française.

Et ce n'est pas que moi. Mon mari a été complimenté pour son tee-shirt. Sa casquette. Sa voiture d'occasion légèrement emboutie. Et puis partout, j'ai entendu les uns et les autres se faire des compliments puis passer à autre chose. C'est fou comme, même s'il ne vous est pas destiné, le compliment gratuit rend l'environnement agréable.

Évidemment, tout cela n'est pas vraiment synonyme de conversation de fond. Ce mode de communication est assez difficile à concevoir pour des Français, qui accordent tellement d'importance à la confrontation et au débat d'idées, pratiquent l'art de la contradiction (ou de la mise en perspective, pour rester positif !). Un des guides de voyage que j'ai emportés avec moi prévient : il faut à tout prix éviter de parler de politique, ça enquiquine tout le monde. Un jour, des amis m'ont demandé, après l'élection de Donald Trump, ce qu'on en pensait en France. Négligeant les conseils de mon guide, j'ai cru devoir donner une réponse argumentée. Et là, j'ai vu leur attention se disperser au bout de la troisième phrase, puis l'un d'eux carrément s'en aller au milieu de mon discours. J'avais oublié que la concision est l'une des lois du *chit-chat*, et que l'étape au-delà, ce ne sera pas le bla-bla : ce sera l'action. Ce qui est tout aussi louable.

Le chou kale, c'est fini.

Regardez ! le signe « Hollywood » !

Ils tournent un film ! Trop génial !

Vous pouvez y aller à pied.

CE QUE NE DIT JAMAIS UN ANGELENO (MÊME EN *CHIT-CHAT*)

Le yoga, c'est fini.

Oh non, il pleut !

Zut, pas encore les Beatles !

New York, c'est mieux que Los Angeles.

Frank Sinatra ? Encore ?!

CE-LE-BRATE GOOD TIMES, COME ON !

Là, j'aurais bien aimé que se déclenche, comme sur les cartes d'anniversaire, le refrain du *Celebration* de Kool & the Gang, qui n'a rien à voir avec Los Angeles, mais est célèbre dans le monde entier. Et qui, partout, est synonyme de fête !

Car j'ai découvert… un art de la célébration. Un goût, très exacerbé, pour honorer les dates officielles comme les événements personnels. Les Européens s'indignent volontiers de ce que les Américains n'ont pas leur pareil pour transformer de gentilles fêtes en vilaines opérations commerciales, s'évertuant, notamment, à faire acheter des montagnes de déguisements et des kilos de bonbons pour Halloween. En vivant sur place, on constate qu'au-delà du caractère certes mercantile du merchandising, il y a une vraie sincérité dans la manière de célébrer la moindre occasion possible. Les semaines de vacances ne sont pas légion, le pays est vaste, la famille ou les amis parfois loin : les fêtes ont le mérite de réunir les uns et les autres, qu'il s'agisse de se retrouver ou de faire de nouvelles connaissances. Et puis, les Américains sont de grands enfants, ils adorent s'amuser, ce qui inclut de se déguiser une fois par an en zombie, en super-héros ou en frite géante, costume qu'ils n'ont pas forcément acheté dans le commerce, mais sur lequel ils peuvent avoir planché des heures avec une machine à coudre ou un pot de peinture.

À Los Angeles, la population est ouverte par nature, elle est en outre extrêmement cosmopolite : tous les prétextes du calendrier sont bons pour instaurer des rituels sacrés. Les célébrations dépassent largement le cadre communautaire. La majorité des habitants adore admirer la parade de dragons qui réveille le quartier de Chinatown lors du Nouvel An chinois, danser au son des mariachis et aux odeurs des tamales vers Olvera Street à l'occasion du Cinco de Mayo (5 mai), s'habiller en vert et boire un coup dans n'importe quel pub à la Saint-Patrick, organiser un pique-nique aux couleurs du drapeau américain dans Griffith Park pour Memorial Day (dernier lundi de mai), ou chasser les œufs dans les jardins de la Huntington Library le dimanche de Pâques. Ces invitations à sortir de sa maison forment un véritable appel d'air. Je me rappelle avoir été émerveillée lors de mon premier Halloween : des petits, des grands, des grappes de deux personnes, de cinq ou de dix, jamais je n'avais vu autant de gens marcher dans le quartier de Los Feliz, où je vivais ! Histoire de faire mentir, au moins le temps d'un soir, l'idée reçue selon laquelle personne ne marche à L.A. Quelle que soit l'occasion, le principe est, en tout cas, d'y aller à fond, de ne pas faire les choses à moitié. La tenue, la déco, les accessoires sont peaufinés dans le moindre détail, tandis que l'attitude obéit à un impératif : être festive.

Huntington Library

1151 Oxford Road
(San Marino)

www.huntington.org

LE TOP DES CÉLÉBRATIONS… EN FAMILLE OU ENTRE AMIS !

THANKSGIVING
4e jeudi de novembre

La dinde, la tarte à la citrouille, toute la famille réunie et le rite des « *I'm thankful for...* » (« Je suis reconnaissant pour… ») : un incontournable de l'année américaine !

◆

FÊTE DES MÈRES
2e dimanche de mai

On ne se rend pas forcément compte en tant qu'Européen à quel point c'est un vrai rendez-vous parent-enfant pour les Américains : mères et filles déjeunent ensemble, s'échangent des fleurs, des bijoux, s'offrent une journée au spa… et se rendent à l'église, qui connaît là ses records d'affluence après Noël et Pâques.

◆

INDEPENDANCE DAY
4 juillet

La fête de l'indépendance américaine est célébrée avec des pique-niques, des barbecues et des feux d'artifice.

◆

SUPER BOWL SUNDAY
Dernier dimanche de janvier ou 1er dimanche de février

Un match de football américain suivi à la télévision… tout en consommant 1,25 milliard de *chicken wings* !

HALLOWEEN
31 octobre

Ah, cette fête que les Français adorent autant qu'ils la détestent, symbole de fun autant que d'impérialisme américain…

SAINT-VALENTIN
14 février

Les restaurants sont pris d'assaut dès 6 heures de l'après-midi et enchaînent les services. Vrais romantiques s'abstenir ! À l'école, c'est une fête de l'amitié, les enfants peuvent s'offrir des cadeaux ou des petits mots écrits pour se signifier qu'ils s'aiment bien. Ce qui n'a pas empêché le premier *Fifty Shades of Grey* de choisir le 14 février pour sortir sur les écrans de cinéma !

En dehors des dates officielles, il y a mille et une occasions à célébrer dans la vie quotidienne, ce que l'Angeleno ne se prive jamais de faire. Il faut dire qu'avec une telle grandeur et une telle variété de paysages à disposition, le plus petit rassemblement peut prendre une dimension exceptionnelle. Le week-end, sur les immenses pelouses de Griffith Park, au pied des collines (et du signe « Hollywood », mondialement connu !), on croise des dizaines d'enfants fêtant leur anniversaire à grand renfort de ballons accrochés aux arbres et de châteaux gonflables loués pour la journée. Ou alors d'immenses tablées autour de tables pliantes, avec des glacières et qui font chauffer leur nourriture sur les grils à disposition (il y en a dans pratiquement tous les parcs, ainsi que sur de nombreuses plages). L'une de mes filles a pris goût à l'un des incontournables des soirées autour du feu : le s'mores, un dessert culte pour lequel on fait chauffer des guimauves sur une pique, avant de les coincer en sandwich entre deux biscuits Graham Crackers (une sorte de petits-beurre) et un morceau de chocolat. C'est sucré, régressif, très facile à faire devant une cheminée, un réchaud à gaz ou une cuisinière à gaz, et c'est à tester au moins une fois dans son existence.

Les brunchs les plus copieux ou les plus raffinés se multipliant dans la ville, les samedis et les dimanches voient les tables en vogue envahies par des familles entières, les grands-parents, les parents, les enfants, les petits-enfants, qui se retrouvent tous autour d'œufs Bénédicte et de *hash brown*. Les

Malibu Cafe

327 Latigo Canyon Road (Malibu)

http://themalibucafe.com

Inn of the Seventh Ray

128 Old Topanga Canyon Road (Topanga)

www.innoftheseventhray.com

adresses les plus enchanteresses, comme le Malibu Café ou l'Inn of the Seventh Ray, toutes deux nichées dans des canyons giboyeux, ombragés, à la fois sauvages et bucoliques, ces lieux-là sont le terrain fréquent d'anniversaires ou de *baby showers parties* qui se mêlent tranquillement au reste des clients. Un week-end, j'y ai déjeuné à côté d'un groupe de jeunes filles, dont l'une fêtait son anniversaire sur le thème d'Harry Potter. Ses amies avaient apporté des cupcakes et des cadeaux, et c'est sûr que le cadre a dû donner de chouettes photos. En d'autres termes, quel que soit l'endroit, on a l'ambition de tout faire pour sortir de chez soi et créer des moments mémorables.

Au-delà de s'approprier les lieux publics, à Los Angeles, on aime bien aussi investir… les maisons. Un grief que j'avais énormément entendu avant de venir m'installer : les Américains ont toujours l'air de vous considérer comme leur meilleur ami au monde, avec exagération de sourires et hurlements de rire, mais jamais ils ne vous inviteront à entrer chez eux (parce que, en fait, ils sont su-per-fi-ciels). C'est carrément faux, à L.A. les gens sont plutôt accueillants, et ouvrent volontiers leurs portes. Ils vous proposent très facilement d'utiliser leur maison de vacances lorsqu'ils n'y sont pas. Dans ce cas de figure, leur manière de faire, très décontractée, passe souvent pour de la nonchalance : ils vous donnent les clés, l'autorisation pour utiliser la voiture, et débrouillez-vous. Ce qui peut laisser perplexe : euh, ai-je le droit d'ouvrir les placards pour trouver des draps ? Et vraiment, la voiture, il ne faudrait pas qu'on discute la question de l'assurance ?! D'une manière générale, le fameux « Je te fais visiter ? » français, prononcé dès qu'un nouvel invité a sonné, n'a pas d'équivalent. Chacun est libre d'errer à sa guise pour chercher lui-même les toilettes ou admirer les peintures sur les murs.

Mais le must, pour ceux qui ont une belle maison, c'est de lancer des invitations.

L'art et la manière :

- Inutile de penser boîte aux lettres et facteur, c'est bien plus pratique que ça : ça se passe sur Paperless Post ou Evite, bref, ça s'envoie par e-mail, une carte virtuelle annonçant une fête un après-midi du week-end.
- L'objectif est de se réunir afin de faire mousser n'importe quelle occasion : un ami qui part occuper un poste à l'étranger pour un an, une *baby shower party* ou un anniversaire, voire simplement l'envie de *hanging out* (« traîner ensemble »), d'organiser une dégustation de vin, d'écouter un quatuor de musique classique.
- Il n'y a aucun problème à demander d'apporter une bouteille ou un plat *home-made*, car il y a toujours une composante cool, improvisée dans ces fêtes, l'atmosphère n'est jamais crispée ni parfaite. C'est ce qui en fait tout le charme.
- Moins formel malgré tout, donc sans invit' : le fameux barbecue du dimanche, celui que l'on voit dans les films.
- Pour tout ce qui se tient le soir, pas non plus d'invitation, ou rarement, mais un gros bouche-à-oreille, grâce auquel des tas d'inconnus cooptés par les « vrais » invités peuvent s'incruster (c'est le but, l'idée étant que l'hôte découvre aussi de nouveaux horizons).

Les maisons, surtout si elles sont grandes et chics, deviennent ainsi le théâtre de dîners, de soirées, de *before* ou d'*after* où les populations d'un même milieu se mêlent. L'avantage ? Outre le fait que l'iconographie fait partie de la légende de L.A. (des gens très élégants alanguis au bord d'une piscine scintillante, d'autres légèrement plus éméchés qui ont tombé la robe ou le costume et s'apprêtent à plonger), recevoir chez soi permet de prolonger la fête bien au-delà des 2 heures du matin réglementaires, horaire à partir duquel ni les restaurants ni les clubs n'ont le droit de servir d'alcool. À cette heure-là, les « mixologistes », dont l'aura la nuit n'a d'égale que celle des baristas le jour, remballent leurs ustensiles. En général, la soirée a démarré tôt, vers 19 heures, donc plus personne n'a besoin d'un dernier verre, mais tout de même : en Californie, toute célébration digne de ce nom se fait verre de cocktail à la main.

LES COCKTAILS DU VRAI LIFESTYLE CALIFORNIEN

Le Mai Tai

Adoré sur la côte, ce mélange de rhum blanc, rhum ambré, triple sec, sirop d'orgeat et citron vert aurait été créé non pas à Hawaï… mais à Oakland (tout au nord de la Californie, moins réputée pour son exotisme) !

Le Martini

Même si plusieurs villes américaines en réclament la paternité, il aurait été inventé en 1862 dans le petit patelin de Martinez. Est-ce ça ou l'« effet James Bond », toujours est-il que c'est le classique des classiques.

Le Sidecar

Lui serait peut-être originaire… du Ritz, à Paris, mais malgré tout, avec sa couleur orangée due au mix de liqueur type Cointreau ou Grand Marnier avec du cognac et du jus de citron, il rafraîchit volontiers les palais assoiffés par le soleil.

Le « Rum & Coke »

Celui que nous appelons Cuba Libre est incroyablement populaire, souvent improvisé, il faut dire qu'il n'y a pas besoin d'un doctorat en « mixologie » pour réussir de grands verres bourrés de gros glaçons.

Le French 75

Il s'est répandu aux États-Unis grâce au succès du film *Casablanca*, devenant le « champagne cocktail » (une catégorie très prisée en Californie) le plus plébiscité. Sa recette, c'est champagne, gin, citron et sucre de canne.

La Margarita

Un breuvage, qui fait la part belle à la tequila et au mix sucré-salé. Un National Margarita Day a même été instauré, le 22 février.

Le Moscow Mule

Mélange de vodka, de *ginger ale* ou de *ginger beer*, de citron vert et de menthe, on le reconnaît à la tasse en cuivre dans laquelle il est traditionnellement servi.

Le Los Angeles

Le bien nommé ! Très fruité (jus d'orange, d'ananas, de maracuja, de pamplemousse, de citron), à base de vodka et de triple sec, complété par un trait de grenadine, il existe aussi en version sans alcool… et s'appelle dans ce cas un San Francisco.

Le Green Goddess

C'est le cocktail bonne conscience des filles healthy : vodka infusée au thé vert, arugula, concombre, jalapeno, citron, miel, on peut voir tout ça comme des antioxydants.

HAPPY THÉRAPIE

Il y a moi et mon approche empirique d'une pensée positive au quotidien. Et puis il y a la science du bonheur, étudiée dans l'une des plus prestigieuses universités californiennes : Berkeley. Sans rire. Là-bas, un professeur de psychologie du nom de Dave Keltner enseigne la *science of happiness* à ses étudiants, dans des conférences qui ont connu un tel succès que l'amphithéâtre n'a pu accueillir tous les candidats à la sérénité. Résultat : l'enseignant les a transformées en une série de huit leçons gratuites en ligne (ça s'appelle un MOOC, pour *massive open online course*, ou en français une FLOT, pour « formation en ligne ouverte à tous », voire un CLOM, pour « cours en ligne ouvert et massif » – on se couchera moins bêtes, ce soir). Lancé en 2014, le cursus a attiré 375 000 disciples.

On croit souvent que l'art de voir la vie en rose plutôt qu'en gris serait une aptitude, le gène avec lequel seraient nés certains privilégiés, tandis que les autres auraient hérité de la science du malheur. C'est en partie vrai. Il n'empêche que, être heureux, ça peut aussi s'apprendre, comme une formule de chimie ou une règle de conjugaison. Berkeley oblige, on n'est pas dans les discussions de comptoir de café mais dans de véritables études jalonnées de questions, d'hypothèses et de preuves étayées par les neurosciences, la biologie et la psychologie. En même temps, le cursus montre aussi comment la recherche scientifique peut, concrètement, s'appliquer à la vie quotidienne et rendre plus heureux, avec des exercices de psychologie positive basés sur le réinvestissement des liens sociaux ou un réengagement dans l'intérêt commun – deux sources de bonheur véritable. Car, en filigrane, l'idée est que pour être heureux il faut aller au-delà de soi.

Mais ce MOOC n'a été que l'étape 1 du processus. Car, après, les étudiants qui avaient suivi assidûment le programme… ont à leur tour été étudiés de près. (Les sciences sociales, c'est vraiment formidable.) Et là, qu'a-t-on appris ? Qu'entre le premier et le dernier cours, leur perception subjective du bonheur a grimpé, et n'a pas fléchi même une fois leurs cahiers refermés, idem pour leur sentiment de satisfaction face à la vie. Le stress et la solitude sont descendus, et sont restés tout en bas, alors que la compassion et la sensation de connexion avec le reste de l'humanité ont été boostées durablement. Première conclusion, le bonheur n'est pas qu'éphémère. Une fois qu'on en a la recette, c'est comme quand on dose sa vinaigrette les yeux fermés : c'est un automatisme. Seconde conclusion, il semblerait que ce MOOC accessible à tous les anglophones soit diablement efficace.

À UCLA, autre grande université californienne, il y a un département Santé au sein duquel officie le MARC, alias *The Mindful Awareness Research Center*. Ce centre de recherche sur la pleine conscience cousine avec un autre qui travaille sur la psycho-neuro-immunologie (l'idée selon laquelle des facteurs sociaux et familiaux, donc pas uniquement des microbes ou des virus, peuvent être responsables de maladies – un concept proche du psychosomatique), et encore un autre qui s'intéresse aux neurosciences et aux sciences comportementales. Le but : promouvoir le bien-être pour soi-même et la bienveillance envers les autres. Mais pourquoi planchent-ils tous là-dessus ? Tout simplement parce que si la culture contemporaine est marquée par des progrès extraordinaires dans les domaines de la science et de la technologie, qui devraient logiquement aboutir à un mieux-être généralisé… la réalité est que l'homme de la rue en tire un sentiment croissant de pression, de complexité du monde et de surcharge d'information. D'où un stress générateur d'une multiplicité de maladies physiques et psychiques.

La solution, pour ce département de UCLA, c'est la pleine conscience. Qu'est-ce que cela signifie exactement ? Selon l'enseignement de Siddharta Gautama, moine errant fondateur du bouddhisme, c'est la conscience vigilante de ses propres pensées, actions et motivations. Manger en pleine conscience, marcher en pleine conscience, écouter en pleine conscience… C'est prêter attention à l'instant présent sans marmonner des pensées à propos du passé (« Pénible, cette réunion de ce matin ! » songe-t-on alors que l'on avale sa salade) ou du futur (« Après j'ai ça à faire, et ça, et ça », un autre classique qui détourne de ce que l'on fait à l'instant T). Cette pleine conscience, on l'éprouve tous naturellement sans forcément s'en rendre compte quand on est à la fois concentré et détendu, le cas typique étant lorsque l'on se met à fixer de manière hypnotique les vagues sur la plage ou le feu dans la cheminée. Le reste du temps, son état est développé grâce à la pratique de la méditation, dont les bienfaits sont imparables contre le stress et rendent… zeeeen !

CE QUE NOUS AURONT APPRIS LES UNIVERSITÉS CALIFORNIENNES :

Qu'il ne faut pas attendre le bonheur, il faut le prendre… et d'abord, l'apprendre. Merci, maître.

Que la *happy attitude* n'est pas nécessairement innée, et qu'elle serait plutôt comme un trousseau de clés à avoir toujours sur soi.

Et que, dans ce cas, les passe-partout sont : la connexion avec les autres, l'empathie, la conscience du moment présent.

COUP DE POUCE THÉRAPEUTIQUE

De fabuleux paysages baignés de soleil, du *chit-chat* et un bon cocktail : et si tout cela ne suffisait pas automatiquement ? Juste avant de partir m'installer à Los Angeles, histoire de me documenter, j'ai lu ce qui est probablement l'un des derniers livres à recommander à une future habitante de la ville. C'était *Maria avec et sans rien*, en VO *Play It As It Lays*, de Joan Didion (un excellent roman par ailleurs… juste un mauvais timing !). Pas de « vision carte postale », l'héroïne y dérive au volant de sa voiture, semant son vide existentiel sur des autoroutes interminables. Publié en 1970, le livre résonne toujours de manière actuelle, il est très facile d'imaginer le sentiment de déprime que génère un cadre à la fois aussi idyllique (la douceur, les palmiers, l'espace) et étrange (l'immensité, la solitude). Par ailleurs, si la Californie ne consomme pas le même taux explosif d'antidépresseurs que d'autres États moins bien lotis en lumière ou en qualité de vie… on peut dire qu'elle a développé un rapport assez privilégié au cannabis. En novembre 2016, vingt ans après que la Californie est devenue le premier État à légaliser la *medical marijuana*, concept relativement nébuleux, la population a voté en faveur de la *recreational marijuana*, c'est-à-dire pour le simple plaisir. La consommation doit rester cantonnée aux plus de 21 ans et aux espaces privés, la possession maximale sur soi est de 1 *ounce* (environ 28,5 grammes), mais bref. L'idée, c'est que même avec des températures moyennes oscillant entre 18 et 25 degrés la plupart des après-midi, tout le monde n'a pas nécessairement la banane, à enchaîner les *high five* avec le sourire Ultra Brite.

D'où le besoin d'un coup de pouce thérapeutique.

Dès 2011, un article des *Archives of Internal Medecine* pointait un fait : les médecins, qui traditionnellement n'ont pas la réputation de promouvoir l'holistique, prescrivent de plus en plus souvent sur leurs ordonnances des séances de thérapies complémentaires reliant le corps et l'esprit. La bonne alternative au Prozac (ou à la marijuana) ?! Regroupées sous l'appellation *mind-body therapies*, elles incluent la méditation, la prière, l'hypnose, les thérapies respiratoires, les *mindful movements* (« mouvements en pleine conscience ») comme le yoga, le tai-chi ou le qi gong, ou encore les thérapies créatives comme la danse, la musique ou l'art.

En Californie, la population est particulièrement réceptive à ces méthodes, et si l'on reparlera dans le chapitre suivant du yoga, qui est aussi pratiqué pour se sculpter un corps californien, on peut ici s'attarder sur la méditation, pour laquelle les centres se sont multipliés ces dernières années. « Apporter la joie profonde et la paix dues à la pleine conscience et à la compassion » afin d'améliorer « ses relations avec soi-même, avec les autres et avec notre monde » : telle est la mission d'InsightLA, qui a répandu sa philosophie de Santa Monica (la vie à la plage, tout à l'ouest) à Los Feliz (une vie de village, plus à l'est). Les professeurs y chuchotent, durant des séances pouvant durer jusqu'à deux heures trente, les techniques traditionnelles pour rééquilibrer ses émotions, pour développer une relation paisible à la nourriture via la pleine conscience, ou pour discuter du zen avant de le mettre en pratique lors d'une retraite spirituelle d'une journée entière. Plus récent, le studio Unplug (littéralement, « débrancher ») a ouvert en 2014 sur un constat sensé : dans notre époque pressée, à la fois sceptique et ouverte aux expériences inédites, pourquoi n'y a-t-il pas un Drybar de la méditation ?! (NB : Drybar, c'est une chaîne de coiffure qui ne pratique que des brushings, pas de coupe ni de couleur, sans rendez-vous, en un temps express et à un prix abordable.) Un endroit où l'on pourrait entrer et, dix minutes plus tard, se sentir ressourcé et au top ? Dans des modules courts, trente ou quarante-cinq minutes, on se reconnecte ainsi au

InsightLA

Plusieurs adresses, dont
1430 Olympic Boulevard
(Santa Monica)
et 3910 Los Feliz
Boulevard (Los Feliz)

www.insightla.org

Unplug Meditation

12401 Wilshire Boulevard
(près de Santa Monica)

www.unplugmeditation.com

Spirit Rock

5000 Sir Francis Drake Boulevard (Woodacre)

www.spiritrock.org

Hsi Lai Temple

3456 Glenmark Drive (Hacienda Heights)

www.hsilai.org/en

moment présent en respirant et en prenant conscience de son corps. Ou, si l'on choisit le cours « Unplug Mantra », en se focalisant sur la répétition d'un son relaxant. Ou encore, si l'on opte pour « Unplug Imagine », en se laissant guider par des messages de visualisation.

La Californie étant ce territoire de paysages inépuisables, de nombreux centres de retraite spirituelle s'étalent au milieu des montagnes, des déserts, des forêts, proposant des cures de durée variable. Certains deviennent même de gigantesques événements, tel Wanderlust, qui a démarré calmement en 2009, avant de devenir un festival annuel au cours duquel des centaines d'adeptes méditent en chœur, font du yoga, des randonnées, assistent à des conférences, mangent local et durable, et écoutent des concerts indés ! Autre destination : à Spirit Rock, sur une terre jadis utilisée par la communauté indienne pour ses rites, il paraît que même les cerfs et les dindons sont d'un calme olympien. C'est la légende qui le dit. On peut y passer pour deux heures ou deux mois (c'est le maximum) et bénéficier de classes et d'ateliers qui aident à guérir le corps comme le cœur, à soutenir un changement de vie, ou à développer cet éveil qu'il est bon d'acquérir pour mieux vieillir (« Awakening As We Age » est le nom d'un des cours). De Los Angeles, nombre de prétendants au calme à la fois intérieur et extérieur se réfugient dans la très mystique ville d'Ojai, à une heure de route, pour profiter de son air pur, de ses épiceries bio, de ses restaurants vegan, mais aussi faire une randonnée apaisante sur la Shelf Road, qui domine la vallée, observer le coucher de soleil rosé du haut du Meditation Mount… et méditer. D'autres se dirigent vers les temples et monastères bouddhistes, qui, la communauté chinoise étant historiquement forte en Californie, sont nombreux. Le plus populaire ? Incontestablement le Hsi Lai Temple, qui attire autant pour sa zénitude… que pour le buffet végétarien au prix d'une petite donation.

MÉDITER COMME SI ON Y ÉTAIT

Ne pas voir la méditation comme une activité hors de portée,

dans laquelle on n'arrive jamais à faire le vide tellement le cerveau déverse de pensées parasites… mais comme quelque chose qui s'apprend dans des cours. Une fois de plus.

Ne pas penser non plus que ça ne passe que par du silence

et éventuellement la voix d'un professeur omnipotent : ça passe aussi par des discussions au cours desquelles chacun peut apporter de l'eau au moulin.

Ne pas se sentir forcé à l'anachronisme.

Ou du moins, à un poids de la tradition qui ne parle pas forcément à tout le monde. Méditation express ? C'est possible. Dans un décor design ? *Why not.*

Profiter de toutes les occasions possibles pour méditer au grand air.

Ce peut être au cours d'une randonnée improvisée. Ce peut être lors d'un événement organisé. L'important, c'est d'utiliser chaque opportunité pour s'échapper. Littéralement, mais pas que.

Cas particulier : la méditation orgasmique… est-elle encore de la méditation ?! Pour celles qui, décidément, n'arrivent pas à ce grand vide mêlé d'une puissante concentration, Graal de la discipline dans sa version classique, peut-être est-il temps de tester la méditation orgasmique (*orgasmic meditation* en VO), lancée par la gourou Nicole Daedone, en 2001, à San Francisco. Le principe est décrit de manière un poil abrupte mais très claire par *Next*, le magazine du quotidien *Libération* : « Tu vas en cours, tu enlèves ta culotte, et tu te fais caresser le clitoris par un(e) inconnu(e). » Enfin, caresser, il faudrait plutôt dire masser, même si on est dans une zone floue entre la méditation, la thérapie, l'interconnexion (les deux pratiquants sont unis autour d'un objectif dans lequel ils mettent toutes leurs forces : le plaisir. Après quoi, ils débriefent). Il y a aussi une dose de ce que la créatrice elle-même appelle le *slow sex*, quand bien même celui qui caresse porte des gants en latex, et qu'il n'est pas question de se déshabiller, d'avoir des gestes à proprement parler érotiques, de rendre la faveur à son gentil masseur, encore moins d'y mettre autre chose que ses doigts gantés. Il y a des séances de quinze minutes top chrono. Et des retraites baptisées « Alchimie du désir » de quatre jours. On s'éloigne de plus en plus de l'image du moine bouddhiste – en même temps, cette néoméditation se réclame aussi du tantrisme…

Plus sage, l'*anti-gravity cocooning* est le pendant méditatif de l'*anti-gravity yoga*, un yoga aérien créé il y a vingt-cinq ans par le chorégraphe Christopher Harrison, et qui se pratique non pas sur le sol, mais dans un hamac en Nylon suspendu au plafond. Avec une musique relaxante, dans une lumière tamisée, on enchaîne les mouvements de stretching en douceur, et on termine par un climax de méditation en adoptant la posture du *savasana* (ou posture du cadavre). Celle-ci consiste à s'allonger de manière immobile sur le dos : dans les airs, le corps lévite, se relaxe intensément… on est même encouragé à s'endormir. Peu importe que l'on n'ait pas atteint l'état absolu de concentration au profit d'un petit roupillon. Le but est simplement de mettre le corps au repos, et d'emporter ce calme avec soi, en soi, chez soi.

LA HAPPY ATTITUDE : COMMENT S'Y METTRE

Se réjouir de chaque rayon de soleil. Et, à l'inverse, de chaque goutte de pluie : c'est bon pour la nature, pour le jardin, pour le pot de fleurs du balcon, pour les agriculteurs.

Mettre en veilleuse son cynisme, même s'il témoigne d'une repartie formidable, même s'il permet de briller en société : ça ne dégage pas de *good vibrations* du tout.

Chercher l'élément positif en toute situation et, surtout, en chaque personne. Ne pas hésiter à en faire part haut et fort.

Dire bonjour, donner son nom, s'enquérir du nom de l'autre, affirmer que l'on est ra-vi de le rencontrer.

Essayer les thérapies sans a priori. Voir ce qui fonctionne pour soi, prendre ce qui plaît, mixer et assaisonner.

Pratiquer la méditation.

Apprécier. Une notion également à l'œuvre dans le « mouvement pleine conscience » qui se diffuse partout dans le monde.

Essayer d'aller vers l'autre avec une petite phrase sympathique qui commente (par exemple) l'extraordinaire du quotidien. Ça prend ou ça ne prend pas.

Oser le compliment gratuit, sans rien attendre en retour.

Trouver des occasions pour réunir ses amis et les amis de ses amis. Chez soi, ou dans un endroit magique à leur faire découvrir.

Ne pas hésiter à se simplifier la tâche en leur suggérant d'apporter quelque chose. D'une manière générale : no stress.

S'inviter à un maximum de fêtes traditionnelles, même si l'on pensait ne rien avoir à y faire.

Sourire ! Quitte à imiter les Californiens : rendre visite à son dentiste au minimum deux fois par an pour un nettoyage des dents.

CHAPITRE 2

Move your body

LE GOÛT DU SPORT POUR GOÛTER LE BIEN-ÊTRE

Des jeunes gens blonds et bronzés sur leurs planches de surf dans les images en Technicolor de l'époque des Beach Boys. Arnold Schwarzenegger à l'aube des années 1980 paradant sur Venice Beach et peaufinant ses muscles chez Gold's Gym. Plus récemment, la grande vogue des stars « paparazziées » avec leur tapis de yoga sous le bras…

Lorsque l'on pense *Los Angeles*, on pense *sport*…

…et les images mythiques affluent.

C'est normal : avec 115 kilomètres de côte bordée par l'océan Pacifique, dont près de 50 kilomètres sont des plages de sable, avec pas moins de 379 parcs, qui représentent une superficie totale de 63,5 kilomètres carrés, avec une estimation de plus de 40 000 piscines chez les particuliers, et une quarantaine de piscines municipales, avec des ranchs de chevaux dans les montagnes, et d'excellentes stations de ski à deux heures… ce serait un comble de végéter sur son canapé. On déploie son énergie au grand air, que l'on se trouve en pleine nature ou en ville. Le soir, nombre de joggeurs courent au milieu des pots d'échappement, pas de temps morts, ils enchaînent avec des mouvements d'étirement sur les bancs des stations de bus, trottent sur place en attendant le feu piéton… Un jour, j'ai même vu un homme faire des pompes à même le sol à un carrefour ! Tout cela est complété par d'innombrables salles de sport, certaines ouvertes vingt-quatre heures sur vingt-quatre (à minuit, on y aperçoit du monde, à 6 heures du matin, c'est carrément l'émeute). De nouveaux clubs de gym ne cessent d'ouvrir, toujours plus flamboyants, plus équipés, plus modernes, ou au contraire plus « naturels » (de la végétation, des bars à jus), proposant sans cesse les dernières spécialisations à la mode (une variante de yoga, de fitness ou de vélo d'intérieur, des murs d'escalade).

Gold's Gym

Nombreuses adresses dans tous les États-Unis, dont 360 Hampton Drive (Venice)

www.goldsgym.com

Les bienfaits :

- Et si cette oxygénation des cellules, cette libération des toxines expliquaient également la *positive attitude* des habitants ?
- En tout cas, c'est sûrement ce qui explique leur ligne !

Yipee ! le taux d'obésité en Californie est l'un des cinq plus bas de tous les États du pays. Un chiffre qui masque malgré tout une réalité nuancée. D'abord, parce que ce taux est en pleine explosion chez les enfants, un petit Californien sur six souffrant de surpoids, ce qui a incité le Los Angeles County à lancer une campagne de prévention invitant à remplacer les sodas par de l'eau. Ensuite, parce qu'il cache surtout une énorme disparité : dans une ville qui réunit des quartiers extrêmement pauvres et d'autres incroyablement riches, eh bien, sans surprise, les plus pauvres sont plus gros que les plus riches, et l'obésité plus répandue dans les communautés afro-américaines et latinos que dans les autres. Cette parenthèse refermée… oui, l'Angeleno est sportif, et il adore se bouger.

L'ennui, c'est que moi, je suis arrivée avec le sport en horreur. Ce qui me maintenait en forme, ça n'était pas de faire du sport, c'était de marcher des kilomètres et des kilomètres dans Paris. Mes trajets étaient intégrés à mon emploi du temps, je zappais le métro ou le bus si j'avais moins de six ou sept stations, tout en sachant que si j'étais pressée, que s'il pleuvait, je pouvais compter sur eux pour me dépanner, bouder l'Escalator et me venger sur l'escalier.

Civic Center
Hill Street
EXIT ONLY
110
SOUTH
Downtown
Stadium Way
Dodger Stadium
EXIT ONLY
1/4 MILE
HDSUPPLY

BIENVENUE AU ROYAUME DE LA VOITURE

À Los Angeles, marcher fait figure d'anomalie. Quelqu'un peut parfaitement s'arrêter et vous demander si vous avez besoin d'aide. Ou vous jeter un regard suspicieux, car si vous n'êtes pas en train de promener le chien, qu'est-ce vous pouvez bien fricoter ?! La première année, je n'avais pas de voiture et, à l'école de mes filles, j'étais « celle qui marche », la maman que l'on voyait grimper à pied la colline qui menait au campus à côté du flot incessant des voitures. J'aimais bien ce rituel, mais les quinze minutes de trajet matin et soir ne suffisaient pas à libérer mon énergie et à aérer mon cerveau. Dans la journée, pour le travail, pour des rendez-vous ou pour jouer les touristes… marcher des kilomètres et des kilomètres ne m'amenait pas toujours là où je voulais aller : traverser tout Paris équivaut parfois, en termes de distance, à aller dans le quartier d'à côté à L.A. – pas plus ! Miser sur la synergie avec les transports publics est hasardeux. Le métro est parfait pour qui se trouve à proximité de la bonne ligne, mais la première station peut se trouver à plus d'une demi-heure de marche. Des quartiers entiers, comme Beverly Hills, qui tient à son enclave inaccessible, n'ont pas de métro. Le bus, lui, va partout, à condition d'être patient, de comprendre les plans, d'avoir le temps d'expérimenter et de se tromper. Je l'ai fait, c'est fun, mais pas tous les jours. Malgré les énormes efforts des pouvoirs publics… le réflexe est de prendre la voiture, ce qui, je l'admets, n'est pas le meilleur de la vie californienne.

Donc, qu'est-ce qu'on fait quand on se retrouve privé de ses petites habitudes qui maintenaient en forme ? Eh bien, on s'empare de la manière dont les Angelenos font tout pour promouvoir pas forcément le sport, mais le mouvement.

YOGA TIME !

Parce qu'il peut se pratiquer chez soi, ou à cinq minutes de chez soi, parce qu'il n'y a pas besoin de lui consacrer la journée entière, parce qu'il colle aux désirs de méditation, de ralentissement et de contemplation de notre époque, parce que les people d'Hollywood en font une promo formidable : pour toutes ces raisons, le yoga a largement détrôné les sports de plage dans le quotidien californien, et même dans l'imagerie contemporaine. Bible des habitants de Los Angeles, l'hebdomadaire gratuit *L.A. Weekly* affirme : « Demandez à n'importe quel habitant de la côte est, et il vous dira que nous ne sommes qu'une bande de hippies habillés en Lululemon [marque phare de vêtements de yoga] à répéter "Namasté", nous dont les métiers nous permettent de pratiquer le yoga *iyengar* à 11 h 30 le mardi matin. »

C'est légèrement exagéré, pas complètement faux non plus, même si la pratique est en plein boom dans l'ensemble du pays. Selon un rapport de la Yoga Alliance publié en 2016, 36,7 millions d'Américains, soit 15 % des adultes, ont pratiqué le yoga en 2016, un chiffre à mettre en perspective avec les 20,4 millions de la même étude sur 2012. Dans le classement des villes, c'est ce que l'on appelle la Bay Area, cette zone du nord de la Californie qui regroupe San Francisco, Oakland et San Jose, où se trouve également la Silicon Valley, que l'on est le plus addict : par rapport au reste des États-Unis, il y a 59 % de pratiquants en plus. Il faut dire que San Francisco a été la première ville à intégrer une salle de yoga à son aéroport !

Car oui, on pratique partout. Mais d'abord, on pratique tout.

L'ART DE TROUVER « SON » YOGA

Le vrai pratiquant les aura tous testés. Le *hatha*, classique des classiques, assez doux. L'*ashtanga*, plus dynamique. Le *kundalini*, très spirituel. L'*iyengar*, dans lequel l'usage de tout un tas d'accessoires aide le corps à tenir les bonnes postures. Ou le *vinyasa*, dans lequel la fluidité des mouvements se met en symbiose avec la respiration.

Le plus populaire à Los Angeles : l'incontournable *bikram*, un « yoga chaud », franchement athlétique, qui se pratique dans une pièce chauffée à 40,6 degrés avec une humidité de 40 %, dans des cours qui durent une heure et demie et enchaînent 26 poses.

La touche L.A. ? Mixer et remixer ! Chaîne dont les studios ont fleuri dans à peu près tous les quartiers de la ville, YogaWorks met en vedette le « YogaWorks Flow », un cours hybride et maison qui emprunte à un peu tout, histoire que les plus pressés puissent recevoir un maximum de bénéfices en un minimum de temps.

Autre exemple, la vague déferlante du *SUP yoga*, lancée par la surfeuse et yogi Shiva Rea. Cette variante se pratique en eau calme et consiste à exécuter les postures sur une planche (on pense au *paddle*), l'instabilité décuplant le travail des muscles, et obligeant à la concentration.

Phénomène également : le *budôkon*, inventé par le coach des stars Cameron Shayne, un mélange de yoga, d'arts martiaux et de méditation.

Venus de la côte est : l'alliance du yoga et du hip-hop, non pas dans l'habituelle atmosphère baignée de lumière, mais dans un éclairage *candlelit* (« à la chandelle ») ; et l'*aerial yoga*, dont la spécificité est de se pratiquer dans un hamac, le corps ne touchant pas le sol, la tête se retrouvant parfois à l'envers, d'où le nom parfois utilisé d'*anti-gravity yoga*.

Inhabituel mais de plus en plus populaire... le yoga-bière. Une invention gagnant-gagnant : pour les pubs, qui accueillent les cours de yoga et regagnent un public parti pour cause de détox au jus vert ; et pour les coachs, trouvant là un nouveau public (masculin, notamment) qui ne se serait jamais aventuré dans leur paradis holistique. Plus la bière bien méritée en fin de session est artisanale, bio et locale, mieux ça marche.

Plus classique, l'association du yoga et du pilates, alias « yogalates », inventée dans les années 1920 mais popularisée huit décennies plus tard par « Tinseltown ». Son intérêt : associer le renforcement musculaire à la relaxation par la respiration.

Et puis... rien n'interdit d'inventer à son tour son propre *mix & match* dans le secret de son salon, de son jardin ou de son studio (pour les nombreux habitants qui exercent leur job lambda le jour et celui de professeur de yoga le soir), en espérant être le prochain nom qui buzze !

YogaWorks

Plusieurs adresses, dont 1067 North Fairfax Avenue (West Hollywood), 5531 Hollywood Bd (Los Feliz)

www.yogaworks.com

De nouvelles adresses semblent ouvrir quotidiennement, mais en Californie, le plus beau reste bel et bien le yoga *outdoor* (« en extérieur »). C'est lui qui met au plus proche de la nature, une envie unanimement partagée là-bas, c'est lui aussi qui permet les photos les plus dignes de parader sur Instagram, où l'on ne compte plus les poses sophistiquées sur fond de coucher de soleil orangé ! Il est très fréquent, en se baladant, de croiser des gens seuls ou en groupe pris en flagrant délit de salutation au soleil. Une catégorie de touristes parcourt même les grands parcs nationaux américains, moins pour la découverte ou l'aventure que pour faire la position du guerrier dans un panorama de dingue – sur les spectaculaires rochers de Vasquez Rocks, entre les arbres tordus de Joshua Tree. C'est à la fois le *nec plus ultra* et un challenge supplémentaire, tant la multitude de distractions (les sons alentour, le murmure de passants éventuels, la beauté du paysage, le soleil qui tape, le froid qui s'abat) oblige à redoubler de concentration, de patience, à atteindre un état de méditation intense. Voilà bien un endroit où l'on échappe au *chit-chat* ! Et à la promiscuité, parfois un peu oppressante dans une salle.

L'idée étant que le yoga dans un studio, c'est pratique, c'est efficace, mais que le yoga en pleine nature, ça peut carrément être magique, de nombreux cours sont organisés toute l'année : sur les pelouses du Runyon Canyon, près de la cascade de Temescal Canyon, en haut des montagnes de Griffith Park, le bonus étant que la séance mixe randonnée (pour y arriver) et yoga (une fois sur place). De La Jolla Cove, au sud de la Californie, à Pacifica Beach, tout au nord, en passant par les inévitables Santa Monica et Malibu, les plages sont également le lieu de nombreux regroupements, pour pratiquer dans l'eau ou sur le sable. Même dans cette jungle urbaine qu'est Downtown L.A. (le mini-Manhattan de la « cité des Anges »), les travailleurs tombent le tailleur ou le costume pour, à l'heure du déjeuner, profiter des sessions de yoga gratuites de Grand Park. On a beau être au milieu des buildings, la vue sur les lignes Arts déco du City Hall ou sur les plaques métalliques du Walt Disney Concert Hall (une création de Frank Gehry) est largement aussi sensationnelle que les panoramas planants des montagnes.

LES INSTAGRAM DES CALI GIRLS À SUIVRE POUR L'INSPIRATION (OU LA MOTIVATION !) :

@yogagirl

La plus populaire avec ses plus de deux millions de *followers*, elle est aussi l'auteure d'un livre de conseils.

@mandymartini

Les leçons de bien-être d'une prof de yoga amatrice de fitness, de *food* et de grands espaces.

@stephynow

Le quotidien d'une prof de yoga, maman, qui sait même faire rêver en pratiquant dans son salon.

@beachyogagirl

Elle donne des cours de yoga en ligne et bluffe la blogosphère grâce à ses poses athlétiques.

À toute heure de la journée, on croise donc (plutôt) des filles en legging, tapis de yoga dans une main, souvent un *iced latte*, un *bubble tea* ou un *power juice* dans l'autre. Car l'omniprésence de cette discipline a donné lieu à l'émergence d'une vraie culture yogique, une culture… probablement bien éloignée de l'Inde traditionnelle, dont la pratique est issue ! La dimension holistique s'envisage dans une logique de consommation : c'est à qui aura l'équipement le plus pointu, ou le plus cool, ou le plus inattendu, ou le plus écolo. Un phénomène qui a un nom : l'*athleisure*.

Athleisure, mode d'emploi :

- Ce néologisme qui amalgame *athletic* et *leisure*, sport et loisir, désigne la nouvelle panoplie des Californiens. L'idée : porter n'importe quand le jogging/le legging/le débardeur/le *hoodie* (ou sweat-shirt à capuche), traditionnellement destinés au sport (enfin, surtout au yoga).
- À la base, le pantalon de yoga n'était porté que durant le cours du yoga… puis bientôt sur le chemin du cours de yoga… puis lors du café ou du brunch après le cours de yoga… et enfin à tout moment de la journée même sans cours de yoga. Attention : dans la région, le pantalon de yoga est presque systématiquement un legging, un legging sportif, technique, avec des bandes sur le côté ou un logo quelque part, mais extrêmement rarement un jogging évasé et encore moins un sarouel – ce serait du gâchis que de cacher ces formes si durement travaillées !
- Une infinité de marques ont vu le jour pour inventer des variations sur les basiques de l'*athleisure*. Des mastodontes de l'habillement traditionnel comme Gap, ainsi que les supermarchés, se sont mis à en fabriquer, et même la reine Beyoncé, en lançant sa griffe Ivy Park, s'est engouffrée dans la tendance. Les poids lourds du secteur : Lululemon et Under Armour. Le principe, c'est que le vêtement soit à la fois suffisamment confortable pour bouger et suffisamment stylé pour ne pas se voir cantonné au club de gym.
- « Le pantalon de yoga est-il un substitut acceptable au jean *skinny* ? » s'interroge *C Magazine* (C pour California). Plusieurs marques de niche, souvent basées en Californie, se lancent pour en proposer des versions « élégantes », donc sans bande, sans logo, dans un tissu plus proche de ces leggings qui servent de collants sous une robe que d'un équipement sportif. S'il subsiste encore un léger débat pour savoir si cela peut passer au bureau, il faut reconnaître que la

question n'enflamme pas grand monde, dans une région où l'on travaille souvent en free-lance (Los Angeles) ou dans les nouvelles économies (San Francisco). Que l'on se présente en short-tee-shirt ou en costume-cravate, en look *seventies* pailleté ou en bleu de travail, personne ne trouvera à redire quelque chose à ce qui est perçu comme une simple manière d'exprimer sa personnalité.

L'étude de la Yoga Alliance citée précédemment indique que 50 % de ceux qui pratiquent le yoga essaient de vivre le plus *green* possible et de manger durable, et sont deux fois plus susceptibles que les autres d'acheter de la nourriture bio. Une alimentation saine fait partie intégrante de la panoplie de yoga, au même titre qu'un legging ! Le Californien a conscience que le bien-être, ce fameux *well-being* qui est revendiqué partout, sur la vitrine d'un bar à jus, dans les rayons des boutiques de cosmétiques, est quelque chose de global, qui passe par la manière dont on bouge, dont on se nourrit (même la manière dont on s'habille, ou dont on se tartine de crème de jour : on en reparlera). Même s'il existe de délicieuses boulangeries en Californie, qui fabriquent les croissants les plus croustillants ou les scones les plus alléchants, on ne s'y rend pas avant ou après un cours de yoga. Et le plus beau, c'est que grâce à cet art du marketing qu'ont les Américains, la pensée même d'une alimentation *well-being* ravit les plus gourmandes : le *lifestyle* super-sain d'aujourd'hui a, aussi, l'image d'un *lifestyle* glamour et désirable. Encore une bonne raison de s'y mettre.

Les principes d'une assiette yoga-friendly :

- **Pour les puristes :** le *yogic diet*, qui n'est pas un régime, mais plutôt une philosophie de vie. Les menus se doivent d'être végétariens, naturels, frais, sans additifs chimiques, sans stimulants (caféine, alcool), pris à des intervalles réguliers, et contrebalancés par des périodes de jeûne. Oh, et détail d'importance : être *sattva*, une notion qui exprime la pureté, contrairement à *rajas* (associé à la passion) ou *tamas* (du côté des ténèbres), et qui se trouve dans les fruits et les légumes, le pain complet, les produits laitiers, les noix, les graines, le miel, les infusions, mais pas dans tout ce qui est plats épicés, trop salés, dans la viande, l'ail ou les produits fermentés.
- **Le *grain bowl*, c'est la nouvelle salade** ! Il tient mieux au corps, ne croule pas sous une sauce calorique et, grâce à lui, beaucoup de mangeurs sont *sattva* sans même s'en rendre compte. Présenté, comme son nom l'indique, dans un bol, il est composé de graines (épeautre, riz brun, quinoa) et tapissé, selon

l'inspiration, d'avocat/de concombre/d'alfalfa/d'algues/de miso/de petits pois/de brocoli/de pois chiches/de mangue/de pamplemousse/de tofu/de poulet/de crevettes. Incontournable sur les cartes des restaurants *healthy*, il est incroyablement facile à improviser chez soi : il suffit souvent de recycler quelques restes.

- **Pour la détox… ou pour les pressé(e)s :** les jus et les smoothies. Soit la version en cure tout au long de la journée, à base de fruits, de légumes et d'un additif comme de la poudre de spiruline. Soit, pour un vrai *power breakfast* qui permet de tenir toute la matinée, un bon gros smoothie au lait végétal, à la banane, aux graines de chia et aux dattes.

- **Et pour un simple coup de *boost*** : les shots, des minidoses de jus vendues dans des fioles. J'ai déjà pris note de la recette qui me permettra de combattre les microbes à mon retour : une demi-orange, un demi-citron, quelques centimètres de gingembre, une demi-gousse d'ail, une pincée de poivre de Cayenne et une cuillerée à café de sirop d'agave, le tout passé au mixeur. Et hop, cul sec !

- **De l'eau… filtrée, s'il vous plaît.** Un impératif dans tout studio de yoga digne de ce nom, dans tout restaurant qui se revendique bon pour la santé, et même dans les gourdes des « yogis ». À alterner avec de l'eau de coco pour les palais sucrés, et des tisanes relaxantes tels la camomille, la lavande, le jasmin ou la menthe, qui complètent l'expérience.

LE GRAIN BOWL VERSION SALÉE : AU QUINOA, AUX LÉGUMES RÔTIS ET AU PESTO DE PISTACHES

(Recette pour 4 personnes)

Ingrédients pour le *grain bowl* :
200 g de quinoa
1 botte de carottes
1 botte d'asperges
1 botte de radis
1 poireau
1 cuillerée à soupe d'huile d'olive
Sel, poivre

Ingrédients pour le pesto de pistaches :
130 g de pistaches
50 g de parmesan
100 ml d'huile d'olive
1 botte de basilic

Préchauffer le four à 200 °C.

Faire cuire le quinoa selon les instructions indiquées sur le paquet.

Éplucher les carottes, couper le bout des asperges, couper les radis en quatre, émincer le poireau. Déposer le tout sur une feuille de papier sulfurisé, parsemer d'huile d'olive, saler, poivrer, et enfourner 20 minutes (il faut que les carottes soient tendres).

Pendant ce temps, préparer le pesto. Dans un mixeur, placer les pistaches, le parmesan, l'huile d'olive et le basilic. Mixer jusqu'à ce que le mélange soit lisse, mais pas trop. Assaisonner.

Mélanger le quinoa cuit avec une cuillerée à café de pesto.

Prendre 4 bols. Tapisser le fond de chacun d'un quart du quinoa. Disposer les légumes par-dessus, et ajouter une cuillerée de pesto (sans la mélanger, cette fois). Déguster !

LE GRAIN BOWL VERSION SUCRÉE : YAOURT À L'ÉPEAUTRE ET AUX MYRTILLES

Ingrédients :
250 g de yaourt nature ou de fromage blanc
100 g d'épeautre
130 g de myrtilles surgelées
1 cuillerée à café de miel
1 cuill. à café de graines de chia
Le zeste d'un citron

Faire cuire le quinoa selon les instructions indiquées sur le paquet.

Pendant ce temps, dans une casserole, faire chauffer à feu doux 5 minutes les myrtilles et le miel en remuant régulièrement. Ajouter les graines de chia et le zeste de citron et faire chauffer encore 10 minutes sans cesser de remuer, jusqu'à obtenir une texture de confiture.

Dans un bol, disposer le yaourt, puis l'épeautre, puis la « confiture ». Mélanger grossièrement.

Bon appétit !

BEACH CULTURE

Bien avant l'ère du yoga, c'est du côté des plages que s'est construite la légende d'une Californie saine et sportive. Hollywood en était encore aux films en noir et blanc que ça crânait déjà sur Muscle Beach. Muscle Beach, c'est un carré tout plein d'haltères et de machines de musculation, inauguré en 1934 sur la plage de Santa Monica, puis relocalisé en 1987 quelques kilomètres plus bas sur Venice Beach. Le culturisme (ou bodybuilding) a acquis là son image mondiale, dopée par Arnold Schwarzenegger, qui, peu avant de devenir acteur, et bien avant de devenir gouverneur de la Californie (premier mandat en 2003, le second en 2006), venait là sculpter son impressionnante carcasse. On peut toujours, aujourd'hui, y faire ses abdos ou travailler ses biceps devant toute une foule de touristes qui zieute. Moins *show-off*, l'ancienne Muscle Beach, sur Santa Monica, est aujourd'hui axée sur la gymnastique, on y trouve des anneaux, des poutres, des trapèzes, auxquels il est très rigolo de s'essayer. Il y a des quasi-professionnels, des gros débutants, des adultes, des ados, des enfants – en clair, aucune excuse pour ne pas s'y mettre.

Tout le monde n'associe pas la Californie à Muscle Beach. Tout le monde, en revanche, associe la Californie au surf ! Et à la joie de vivre qui va avec. Il y a eu dans les années 1960 toute une vague de *beach party films* dans lesquels les jeunes gens de l'époque faisaient du surf tout en faisant la fête (pas forcément au même moment, encore que), promouvant, parallèlement aux tubes des Beach Boys, l'insouciance joyeuse et le soleil perpétuel du *lifestyle* californien. La tendance s'est assez vite tarie, laissant place à des films de surf moins gnangnan et plus réalistes. Pas (toujours) de surf mais beaucoup d'eau, de maillots de bain et de corps sculptés, la série *Alerte à Malibu* a constitué un véritable dépliant touristique dans les années 1990 ! Aujourd'hui, Malibu est et reste un spot de surf plébiscité par les aficionados de la vague, ils s'y rendent en masse le week-end, sur la bien nommée Surfrider Beach, observés par les paresseux qui préfèrent déjeuner tranquillement sur le Malibu Pier. Plus au sud, Huntington Beach se targue d'avoir *the perfect wave* (« la vague parfaite ») et accueille un championnat du monde de surf. Tout proche de San Francisco, Mavericks est mondialement connue pour ses vagues géantes (débutants s'abstenir).

Là encore, une culture à part entière a émergé pour fasciner la planète entière. Symbole à l'origine du rêve californien, porteuse d'un sentiment de liberté et d'un vertige de grandeur, la *surf culture* a petit à petit viré vers autre chose : d'un côté, le puriste devenu vieux hippie aux cheveux longs et sales, fumeur de pétards, trimballant sa vie de plage en plage dans un mini-van délabré ; de l'autre, l'irruption des gros sous dans un milieu de plaisir gratuit, certains amateurs doués d'hier transformés en hommes d'affaires richissimes, une pratique singulière transformée en loisir de masse, des équipements axés sur la performance, bien loin du caleçon de bain et des premières planches bricolées… Bref, la magie initiale s'en est allée, mais elle est revenue sous une autre forme.

Prendre la vague, même en ville :

- Visionner en boucle les classiques les plus nobles du film de surf : *The Endless Summer* (1966), un documentaire qui part des côtes américaines pour faire le tour du monde à la planche. *Big Wednesday* (1978), film culte signé John Milius dans lequel trois jeunes passionnés de la vague sont séparés par les tourments des *sixties* et des *seventies*. *Point Break* (1991), de Kathryn Bigelow, dans lequel l'agent du FBI Keanu Reeves traque un gang de surfeurs-braqueurs mené par Patrick Swayze. Ou encore *Riding Giants* (2004), docu réalisé par le skateur et surfeur Stacy Peralta, qui retrace les origines de la discipline et interviewe plusieurs légendes du genre.

- « Checker » le site de Mollusk Surf Shop, une boutique créée en 2005 à San Francisco, dont le succès a contribué à infuser la *surf culture* dans les quartiers bétonnés et à en faire la marotte d'une population branchée. Après San Francisco et Venice Beach, sa troisième adresse s'est implantée en plein Silver Lake, un quartier de Los Angeles à l'opposé de l'océan. Au programme : un retour à l'authentique mêlé à une pointe d'élitisme, puisqu'on y trouve aussi bien des serviettes de plage en *ikat* que des lunettes de designer, du plutôt chic et de l'assez cher. Et bien sûr : des planches colorées qui font rêver.

> **Mollusk Surf Shop**
>
> 4500 Irving Street
> (San Francisco),
> 1600 Pacific Avenue
> (Venice)
> et 3511 West Sunset Bd
> (Silver Lake)
>
> https://mollusksurfshop.com

- Justement : investir dans la planche objet de tous les fantasmes… même si elle ne touchera jamais la mer, et ne restera qu'une joyeuse évocation du soleil. En déco accrochée au plafond du salon ou nonchalamment posée contre le mur de l'entrée : c'est parfait !

- Peaufiner son look en puisant allègrement dans les possibilités qu'offre la cosmétique pour imiter l'« effet plage » : autobronzant qui donne bonne mine, mèches texturisées à l'eau de mer, pointes décolorées grâce aux produits éclaircissants… La *cool attitude* et l'aller-retour France-Californie s'achètent dans les rayons du supermarché !

J'avoue : je n'ai fait ni du culturisme à Muscle Beach ni du surf dans l'océan Pacifique. J'ai néanmoins passé énormément de mes week-ends à la mer, et la bonne nouvelle, c'est que les autres activités qui s'y déploient peuvent très bien s'envisager sous d'autres latitudes, même sans le moindre grain de sable. Prenons… le volley-ball, par exemple, qui se joue dans n'importe quel gymnase. C'est le sport collectif le plus représenté sur les plages de Los Angeles, certaines zones offrent un filet planté tous les 10 mètres, et la plupart des filles adorent jouer en bikini. Il faut dire qu'une pratique intensive renforce les cuisses, les biceps et les abdos, tout en déposant sur le corps ce hâle parfait qui gomme tous les défauts… Mais si vous avez lu le précédent chapitre, vous savez que je n'aime guère le volley. Heureusement, il y a cette chose absolument géniale le long de la côte, cette chose qui s'appelle The Strand, une piste de béton qui s'étend sur 35 kilomètres, de Pacific Palisades (au nord) à Torrance (au sud), en passant par les célébrissimes plages de Malibu, de Santa Monica et de Venice. On l'aperçoit très souvent au cinéma, quand une fille en short en jean ultracourt, avec les jambes affinées de la parfaite Cali Girl, se trémousse sur des patins à roulettes… C'est une piste cyclable, mais pas uniquement : on y croise des patins à roulettes, des skate-boards, des gens qui pédalent en tandem, en tirant un enfant, ou dans une sorte de position allongée… Il y a aussi une bande réservée aux piétons, parce qu'on a beau être à Los Angeles : ici, on marche ! Non mais. Côté masculin, on glisse, on pratique le *ollie* (sauter en faisant décoller sa planche dans les airs) avec une nonchalance innée dans le skatepark de Venice, face au bleu de l'océan, même si les skateurs lui préfèrent parfois un spot non officiel : les larges escaliers qui mènent à la fête foraine de Santa Monica.

Le skate-board comme à la plage, sans la plage :

- Se remémorer, pour s'y mettre, que le skate-board est une activité qui sollicite en même temps tous les muscles du corps, cuisses, mollets, fesses, abdominaux, dos, même les bras. Il raffermit, fait le ventre plat, renforce les os… tout cela sans avoir l'impression de faire du sport !
- Adopter la panoplie vestimentaire qui lui colle à la peau, n'a pas pris une ride, et fait de cette discipline l'essence même du cool : jean baggy, tee-shirt loose et baskets Vans à damiers.

Annenberg Community Beach House

415 Pacific Coast Highway (Santa Monica) /

www.annenbergbeachhouse.com

Los Angeles Athletic Club

431 West 7th Street (Downtown Los Angeles) /

http://laac.com

Ace Hotel

933 South Broadway (Downtown Los Angeles) /

www.ace-hotel.com

- Étudier son histoire, merveilleusement racontée dans l'un des films qui, à mon goût, retranscrit le mieux cette « coolitude » californienne tellement enviable : *Les Seigneurs de Dogtown*. Sorti en 2005, il démarre au milieu des années 1970 et raconte l'histoire de ceux que l'on appellera les Z-Boys, une poignée de jeunes issus d'un quartier de Venice Beach qui vont révolutionner la pratique du skate-board. En gros, avant, c'était le skate à la papa, après, ce sera « *the sky is the limit* » ! Le film exprime surtout une contre-culture qui consiste à faire de la ville un terrain de jeu, à s'approprier ses espaces bétonnés, et notamment ses piscines vidées par la canicule.
- Faire pareil : adopter l'irrévérence/la liberté frondeuse/la mèche dans les yeux, et trouver les lieux inattendus qui peuvent se prêter à cette activité. Dans le centre de Los Angeles, sur les rues Fairfax ou La Brea, les *teens* nés loin des plages (loin, tout est relatif, mais quand même) sautent face aux boutiques de *streetwear* qui ont poussé comme des champignons ces dernières années, faisant leurs les larges trottoirs ou les parkings.
- Plus facile : utiliser le skate-board pour se déplacer au quotidien. Étant donné les distances, la planche à roulettes est l'un des moyens de transport préférés des lycéens du quartier de Los Feliz (eux aussi, les pauvres, sont nés loin des plages).

LES PISCINES À LOS ANGELES

43123

PISCINES DE PARTICULIERS, À LOS ANGELES, EN 2013

Chiffre obtenu après que deux chercheurs très curieux et très pointilleux se sont posé la question et ont décidé d'y répondre via un atlas illustré de 6 000 pages, 74 volumes… et 1 exemplaire. Du Los Angeles Times *au* Huffington Post*, tous les journaux en ont parlé à l'époque.*

1967

Date à laquelle **David Hockney** *a peint son célébrissime tableau* **A Bigger Splash***, portrait intemporel d'une piscine tout ce qu'il y a de plus californienne.*

3 PISCINES SUBLIMES ACCESSIBLES AU PUBLIC

Le bassin olympique du Los Angeles Athletic Club

sous une verrière Arts déco.

L'Annenberg Community Beach House

à Santa Monica, qui a le goût du luxe de sa propriétaire d'autrefois, l'actrice Marion Davies.

Le jacuzzi du Ace Hotel

sur un rooftop aux allures de cathédrale rococo – délirant et planant !

TOUS DEHORS !

La Californie fait partie de ces régions qui peuvent se targuer d'avoir à la fois la mer, la montagne, le désert, tout ce qu'il faut pour profiter au maximum du grand air. C'est ancré dans l'ADN des habitants : prendre la voiture le week-end et se ruer vers les plages, faire une randonnée dans la montagne ou partir en *road-trip*. Les plus riches vont pratiquer le golf, les terrains sont immenses et omniprésents, les pelouses resplendissent, même sur les terres arides. Une constatation qui fait froncer les sourcils en période de sécheresse, mais le golf étant une industrie de 6 milliards de dollars dans l'État, génératrice de 130 000 emplois… Les plus jeunes, eux, vont peaufiner leur *hit* dans des *batting cages*, d'énormes cages grillagées dans lesquelles une machine lance des balles, un moyen très ludique pour travailler ses biscotos – je le sais, j'ai essayé ! Il y a ceux qui font du tennis sous le cagnard, ceux qui mettent à profit des mollets d'enfer et un moral d'acier pour aller explorer les environs à vélo en dépassant sans cesse leurs limites, tous ceux qui font des randonnées. Cette vie en pleine nature, c'est aussi beaucoup de ranchs, dans lesquels les chevaux appartiennent soit à des particuliers qui viennent les monter en masse le week-end, soit à des écoles d'équitation. Dans Griffith Park, randonneurs et joggeurs croisent souvent ceux qui se baladent à cheval, seuls ou en groupe. Mine de rien, ces derniers font travailler leurs abducteurs, leurs abdominaux, leurs dorsaux, et se peaufinent une jolie posture. Le détail rigolo, dans la région, ce sont les boutons surélevés des passages piétons, afin qu'au feu rouge les cavaliers puissent appuyer dessus sans descendre de leur monture ! Encore plus drôle : lorsque l'un d'eux a garé son cheval au parking comme si c'était une voiture.

Les modes vont et viennent. Mais de toutes les activités au dehors, l'une reste indéboulonnable : le jogging. Tout le monde en fait, ou presque, car c'est lui le synonyme de la vie en pleine nature, de l'effort qui paie et du fessier de rêve. Ça reste lui, le vrai sport !

CONSEILS POUR UN JOGGING COMME EN CALIFORNIE :

Oublier la vision du jogging plan-plan. À Los Angeles, on affronte l'immense Griffith Park, dont les 1 740 hectares sont en grande partie composés de montagnes et de sentiers qui grimpent, ou on va courir après les stars dans Runyon Canyon, dont les 65 hectares sont eux aussi sillonnés de pistes souvent en pente (compensées par deux avantages alléchants : une vue à couper le souffle sur Hollywood, et tous ses people qui viennent entretenir leur forme).

S'adonner à l'addiction des Californiens : le marathon. À l'échelle de l'État, il y en a dans les deux cents par mois, chaque ville a le sien, parfois chaque quartier, et certains ont un objectif philanthropique. Courir tout en récoltant de l'argent pour la bonne cause, ça motive.

Après toute cette activité (peut-être pas un marathon, mais au moins après le jogging du dimanche) : s'offrir un café et un donut, ou se poser pour un brunch roboratif. Chouette, le *lifestyle jogging* est moins strict que le *lifestyle yoga* !

Ce sport démocratique par excellence ne nécessite qu'un attirail basique et des habitudes de bon sens. C'est-à-dire en gros une casquette, une gourde, et la volonté de s'y mettre. Oh : et des lunettes noires, histoire de se prendre pour une star.

À BOUT DE SOUFFLE ?

88,4 %
non-fumeurs (de tabac) à Los Angeles

11,6 %
fumeurs

1995 La Californie a été le premier État à interdire de fumer dans les lieux publics.

AMENDE

500 $

pour qui fume en public.

C'est-à-dire, en gros, un peu partout, puisqu'il y a mille et une restrictions y compris dans la rue, dans les parcs, sur les plages. Conclusion : les gens fument chez eux ou dans les bars qui ont un patio prévu à cet effet.

21 ans Âge légal pour acheter un paquet de cigarettes (avant 2016, c'était 18 ans).

Park Office

SPORTS TRENDY

Saine et sportive, la Californie n'en est pas moins un QG de la « branchitude ». Si les premiers hipsters des années 2000 se sont développés dans des quartiers urbains ou des villes comme Brooklyn, Austin, Portland et Seattle, le « Golden State » (surnom de la Californie) a lui aussi vu exploser sa population de « bourgeois bohèmes » en chemise de bûcheron. Soucieux de leur ligne autant que de leur style, ils contribuent à l'essor du vélo. Pas le vélo de course très physique que l'on croise sur les longues routes ou dans les parcs nationaux. Là, on parle plutôt d'une pratique du vélo pour se rendre au travail, à un rendez-vous, au café, boostée par les nouvelles habitudes de travailleurs free-lance, et par l'émergence de quartiers branchés à taille humaine. Les touristes *trendy* s'y mettent aussi, avec des boutiques-hôtels qui prêtent des vélos, comme le Clift à San Francisco, le Granada à San Luis Obispo ou le Line à Los Angeles.

À L.A., la bicyclette est un formidable moyen pour explorer le centre de la ville, plat, avec des trottoirs larges sur lesquels il est autorisé de rouler. C'est plus compliqué lorsque l'on veut sillonner les quartiers bourgeonnants de l'Est, tout en pentes ! Bien consciente de la congestion automobile de la ville, la municipalité fait tout pour promouvoir l'usage du vélo. Les pistes cyclables se multiplient. Le *bike share*, l'équivalent de nos vélos en libre service, que l'on attrape pour une

Clift

495 Geary Street
(San Francisco)

www.morganshotelgroup.com

demi-heure ou deux heures, se développe. On en trouve à Santa Monica, a priori plutôt dans une optique touristique pour explorer la zone des plages, on en trouve aussi Downtown, cette fois pour le côté utilitaire. C'est assez rock'n'roll de faire du deux-roues dans ce mini-New York grouillant : les voitures veulent braver les embouteillages et appuient sur le champignon sans trop regarder autour d'elles. Heureusement qu'il existe des journées destinées au vélo, durant lesquelles le quartier se vide de ses automobiles et laisse la place aux bicyclettes, mais aussi aux rollers et aux poussettes. Des parenthèses qui attirent systématiquement un monde fou, des bandes d'amis, des couples, des familles, la population ne perdant jamais une occasion à la fois de se bouger et de se retrouver. On y pédale autant qu'on y papote.

Granada

1126 Morro Street (San Luis Obispo)

www.granadahotelandbistro.com

The Line

3515 Wilshire Boulevard (Koreatown)

www.thelinehotel.com

RD7
MICARGI

Eh ! Il me faut le vélo des hipsters locaux !

- Son style est rétro.
- Il a des sacoches un peu chics à l'arrière, qui peuvent s'enlever et faire office de sac…
- Ou alors, un panier devant dans lequel on peut poser son *iced tea.*
- C'est un Linus, marque californienne inspirée par l'esthétique française des années 1950 ou 1960. Donc : on peut sûrement trouver le même dans la cave de papy.
- Il peut aussi être un Mission Bicycle, qui les fabrique à la main à San Francisco. Avis aux bricoleurs.
- Ou alors, il a été acheté chez Shinola, marque de Detroit qui complète la panoplie nostalgie avec des montres à aiguilles, des sacs à dos en cuir et des tourne-disques vinyles.

Autre cheval de bataille de la municipalité à L.A. : la… marche. En lieu et place des affiches faisant la promo des derniers blockbusters, on découvre, par périodes, des publicités incitant à zapper la voiture pour les trajets courts et (idée révolutionnaire) à utiliser ses pieds. Double avantage pour la ville : des habitants en pleine forme, et moins de pollution. Bien sûr, l'injonction fait sourire. Il n'empêche que j'ai une amie américaine qui habite à quinze minutes de l'école et ne s'y rend JAMAIS en marchant. Ce qui ne l'empêche pas d'avoir un mode de vie actif : elle fait du jogging dans Griffith Park, du yoga en studio et de la méditation chez elle. Un jour où j'avais rendez-vous avec elle dans un restaurant à dix minutes au maximum de chez elle, elle s'est félicitée en m'annonçant : « Tu m'as inspirée, je suis venue à pied ! » Son premier réflexe aurait été de prendre la voiture, ce qui, le temps de la sortir du garage puis de trouver une place, aurait pris à peu près autant de temps. À vrai dire, cela ne me choque pas plus que cela. Ayant grandi en banlieue parisienne, je sais qu'il n'y a nul besoin de venir à Los Angeles pour comprendre que la voiture, si elle facilite la vie, peut devenir un automatisme. Les plus de 35 ans, accoutumés à leurs

Mission Bicycle

766 Valencia Street
(San Francisco)

www.missionbicycle.com

Shinola

Plusieurs adresses,
dont 1623 Abbot Kinney
Boulevard (Venice)
et 53 Hotaling Place
(San Francisco)

www.shinola.fr

petites habitudes, ont du mal à s'y mettre, c'est du côté des Millennials (ceux que l'on appelle aussi « génération Y », nés entre 1980 et 1999) que ça bouge, faisant de la marche un manifeste. Petit à petit, il devient un petit peu moins surprenant de croiser des gens à pied portant un sac de courses/un enfant récupéré à la crèche/rien du tout.

Le challenger dans la catégorie des sports *trendy*, c'est le ping-pong. La crème de la crème lorsque l'on est un magasin de vêtements, de meubles, un *concept store*, un hôtel, un café ou un pub, voire un musée (le Hammer Museum, consacré à l'art contemporain) : c'est de mettre une table et des raquettes à disposition des clients.

Pourquoi le ping-pong ?

- Ce n'est pas là que l'on va brûler un maximum de calories. Mais c'est comme cela que l'on va devenir un vrai Californien, puisque le ping-pong a le mérite de mêler l'exigence sportive et l'esprit communautaire.
- L'idéal est d'investir dans une table et d'inviter tout son carnet d'adresses à venir s'affronter le dimanche. Avec un barbecue et de la bière fraîche, tout va bien.
- Le ping-pong permet de travailler sa coordination gestuelle, la vitesse de ses déplacements, le placement de son corps, sa faculté de concentration. On peut le voir comme un exercice pour apprendre à se concentrer en vue du yoga ou de la méditation.
- Mettre sa table dehors, c'est bien, mais dans le salon, c'est encore mieux ! Elle est passée, tout comme la planche de surf, du stade du cagibi à celui d'élément de décoration désirable.

Incapable de rattraper la balle ? Reste le mur d'escalade. La pratique se développe en moins de temps qu'il n'en faut pour enfiler son baudrier dans les salles de sport dernier cri. Les nouveaux murs d'escalade en intérieur ont des lignes anguleuses et des taches de couleur qui évoquent moins la montagne qu'une installation artistique bizarre, comme du Jackson Pollock en 3D. Ils ont différentes hauteurs et différentes inclinaisons, donc différents niveaux de difficulté, ce qui fait que l'on s'y rend très fréquemment en famille.

TRENDY, SPORTY & SEXY

« Vous savez qui est plus en forme que vous ? Les strip-teaseuses. » Cette fois, c'est le magazine *TimeOut* qui le dit avant de donner sa liste des meilleurs clubs de *pole dance* de Los Angeles – une ville dans laquelle les clubs de strip-tease sont des institutions, et tiennent plus du spectacle burlesque que de la performance sexuelle. Au Jumbo's Clown Room, tout droit sorti d'un film de David Lynch, difficile de ne pas être bluffé par le talent athlétique des danseuses : elles attrapent la barre et voltigent dans les airs, grimpent au plafond, comme délestées des lois de la gravitation, mettent la tête à l'envers, se rattrapent par le creux des genoux ou les cuisses. Les cours de *pole dance* existent dans toute la Californie, leur « esprit *girl power* » a aussi conquis Londres, et depuis une dizaine d'années, la France. Le rêve : s'entraîner pour s'inscrire au California Pole Dancing Championship !

Jumbo's Clown Room

5153 Hollywood Bd
(Hollywood)

http://jumbos.com

LE SPORT QUI REND ADDICT, AVEC OU SANS SOLEIL : COMMENT S'Y METTRE

Songer que le mouvement, c'est la clé de la « coolitude » californienne, mais aussi de la silhouette affûtée des Cali Girls et des Cali Boys.

Tester les différentes variantes de yoga pour trouver la sienne. Si elle n'existe pas encore : l'inventer ! Trouver des endroits originaux pour envisager différemment la pratique. Adopter le lifestyle simple et sain qui va avec. *Grain bowl* en guise de déjeuner ? Checked ! Pantalon de yoga jusqu'au bureau ? Checked !

Envisager tous les sports, tous tous tous les sports, pour trouver celui qui convient à ses goûts/ses objectifs/son style.

Mixer sport et fun. Faire du surf, du volley-ball ou de l'équitation, c'est se muscler, brûler des calories et s'oxygéner sans même s'en rendre compte.

Prendre un billet pour la côte Atlantique ou méditerranéenne et essayer les sports de plage.

Faire un jogging, il n'y a rien de plus facile, de plus universel – et en même temps de plus californien. Surtout avec des lunettes noires.

Se déplacer en mode actif : faire du vélo en ville, mais aussi du roller ou du skate. Et bien sûr, marcher, en délaissant dès qu'on le peut le métro/le bus/la voiture/le scooter.

Ne pas oublier qu'il n'y a pas besoin d'être seul à transpirer comme une bête pour se bouger à la californienne. Une partie de ping-pong entre amis fait très bien l'affaire !

CHAPITRE 3

Eat healthy

LA DÉTOX GOURMANDE, UN ART TELLEMENT LOCAL

Il y a une idée préconçue sur la nourriture en Californie. Enfin non, il y a deux idées préconçues sur la nourriture en Californie. La première émane de ceux qui connaissent la région et qui ne veulent pas admettre le boom culinaire qu'elle traverse et continuent à n'y voir que les classiques des États-Unis tout entiers : hamburgers-frites, salade Caesar. La seconde provient de ceux qui ont mieux saisi le vent du changement mais pensent qu'il n'y a rien de neuf sous le soleil au-delà de la salade de chou kale et des jus détox. Classiques amerloques d'un côté, régimes de stars de l'autre, oui, d'accord… mais il y a bien plus que cela dans ce véritable État de *foodistas* !

Bien sûr, la « bulle liquide » existe. Conséquence d'un mode de vie qui, du surf au jogging, de Muscle Beach à Runyon Canyon, a toujours été axé sur le rapport à la nature et au corps, la mode du *juicing* est également liée à l'essor de ce *yoga lifestyle* et de cette attirance pour le *well-being* évoqués dans le chapitre précédent. En mode extrême, le *juicing* consiste à s'alimenter exclusivement, pendant une certaine durée, de jus de fruits et légumes sans la pulpe, ce qui boosterait la vitalité, allégerait la silhouette et participerait au bien-être. En mode plus classique et plus recommandable, l'idée est, régulièrement, de troquer un repas solide contre une alimentation liquide, jus ou smoothie, ne serait-ce que pour équilibrer les excès du jour précédent. Car qui dit *juicing* dit *cleansing* : un nettoyage de l'intérieur, comme une détox.

LES ATOUTS DU JUICING :

Facile, un jus se mixe en deux temps-trois mouvements

si l'on est bien équipé chez soi en centrifugeuse, en mixeur, et en réserves de fruits et légumes dans le bas du réfrigérateur.

Ou bien, il s'achète encore plus rapidement dans les bars à jus

qui fleurissent à tous les coins de rue. C'est là que l'on trouve soit des breuvages fabriqués à la minute, soit des bouteilles de jus pressés à froid, qui, contrairement aux jus de la grande distribution, garantissent le maximum de vitamines – les vitamines du bonheur, pour paraphraser l'écrivain Raymond Carver !

Pratique, le jus se boit à la paille

en marchant, en papotant, en travaillant, en roulant, en téléphonant… Le Californien raffole de son efficacité multitâche.

Pauvre en calories, il est plein de vitamines,

de minéraux et d'antioxydants, soulage le tube digestif, détoxifie l'organisme, booste l'énergie et éclaircit le teint.

Désirable, le jus aussi a ses modes.

Il y a quelques années, on ne jurait plus que par le jus d'herbe, qui a un peu disparu des étals. Les plus pointus s'abreuvent en ingrédients et en expériences à la lisière de l'étrange : *turmeric tonic* (au curcuma, bien orangé), *charcoal lemonade* (au charbon, très noir). La tendance au « plus c'est *green*, plus c'est *in* » met en vedette, en ce moment, le jus vert. Le jus vert a un goût amer, c'est bien, ça rime, mais il a aussi l'avantage de détoxifier en un temps express avec des mix au choix de chou kale, de feuilles d'épinard, de concombre, d'*arugula*, de cresson, parfois d'avocat, le tout arrosé d'un trait de citron vert.

Le smoothie peut être extrêmement nutritif.

Tandis que le jus ne fait qu'extraire le jus des végétaux en le séparant de la pulpe – il a tendance à laisser les affamés sur leur faim –, le smoothie broie l'intégralité des fruits et des légumes, et éventuellement se laisse mélanger à de la glace pilée, du lait, du yaourt ou même des céréales et des graines.

Le jus peut être bu pour...

se désaltérer, en petit déjeuner, en snack, en repas principal, en cas de coup de pompe...

Ou en cure de quelques jours,

pour accompagner un jeûne.

La tendance *juicing* a son gourou : Amanda Chantal Bacon, fondatrice à Los Angeles de Moon Juice, un bar à jus qui a fait des petits. Pour elle, les aliments forment une véritable nourriture médicinale, qui agit à l'intérieur comme à l'extérieur. Ses adresses vendent en bouteille un « California Sun » (orange, pamplemousse et agrumes de saison) ou un « Goodness Greens » (céleri, concombre, épinard, chou kale, persil, pissenlit) qui font voir la vie en couleurs arc-en-ciel, mais également des cafés ou des thés qu'elle saupoudre de ses *dusts* (« poudres ») : la « Beauty Dust », la « Brain Dust », la « Sex Dust », la « Power Dust », chacune composée de plantes rares, exotiques et imprononçables, mais parées de mille vertus. Elle n'a rien contre la nourriture solide, à condition de l'agrémenter de *superfood*. De la quiche tomate-fromage au brownie à la sauce caramel, avec elle, tout est bon… et peut être bon (pour la santé), comme l'illustre son livre de cuisine intitulé *The Moon Juice Cookbook*.

Moon Juice

Plusieurs adresses,
dont 2839 Sunset Bd
(Silver Lake)
et 507 Rose Avenue
(Venice)

www.moonjuiceshop.com

« Vous êtes ce que vous mangez ! »

C'est un mantra que l'on lit très fréquemment sur la côte.

In-N-Out Burger

Quantité d'adresses dans toute la Californie… et ailleurs !

www.in-n-out.com

Et néanmoins… peu de Cali garçons ou filles refuseront une virée occasionnelle dans la chaîne de fast-food culte de tout l'Ouest, In-N-Out Burger, dont les hamburgers et les frites bien graisseux ravissent également de l'Oregon jusqu'au Texas. Les mêmes iront déguster un menu identique, mais en mode gourmet, dans les nouvelles cantines qui se multiplient sur le créneau du burger branché : un épais steak de bœuf AOC garanti sans hormones ni antibiotiques, un *bun* venant d'une boulangerie réputée pour son excellence, une feuille de salade et une tranche de tomate récoltées par un petit producteur local et bio. Tout cela pour dire que le Californien peut à la fois vivre *healthy*, apprécier la malbouffe comme n'importe lequel de ses compatriotes, et être un fin gastronome – un drôle de cas mais surtout, un véritable épicurien de la *food*, qui se réjouit de chaque gorgée de jus de chou kale autant que de chaque bouchée de son sandwich !

C'est peut-être (aussi) cela, le secret de leur ligne. Hyper-admiratifs de nos boulangeries, de nos Ladurée et de nos madeleines de Commercy, les Américains dans leur globalité sont persuadés que les Français (enfin, surtout les Françaises) ne prennent pas un gramme quoi qu'ils (ou elles) fassent. Alors que l'on sait bien, nous, qu'il ne s'agit que d'une question d'équilibre : religieuse à la violette au goûter, mais pas cassoulet au dîner ! Gourmands, gourmets, et d'une insatiable curiosité culinaire, capables de faire une heure de voiture pour bien manger, les habitants de la Californie ont leur propre équilibre : ils se lâchent sur l'alcool, s'économisent sur le dessert, partagent les plats, font des journées détox, sont carnivores un jour, végétariens le lendemain, s'intéressent à toutes les modes miracles dont on parle, le *raw* (« cru »), le *no-dairy* (« sans lait »), le *no-glu* (« sans gluten »), le *souping*, qui est le nouveau *juicing* (la soupe, qui est le nouveau jus)… Ils mangent énormément à l'extérieur, réservent par téléphone, font la queue pendant des heures, testent méthodiquement les nouveaux venus. Moi qui n'allais pas spécialement au restaurant en France, préférant investir mon temps et mon argent dans ce que l'on appelle des « sorties culturelles », je me suis mise non seulement à y être accro, mais aussi à me renseigner sur tout, les adresses qui buzzent, les tables historiques, les lieux incongrus, ceux où ont été tournés des films, où des auteurs ont écrit leur livre, suivant l'acception locale selon laquelle la cuisine entre pleinement dans le champ du culturel. À l'instar d'une séance de cinéma, d'un concert ou d'une visite de musée, c'est un rendez-vous duquel on ressort en ayant appris quelque chose.

À L.A., le gourou des *foodies* s'appelle Jonathan Gold, critique gastronomique vedette au *Los Angeles Times*, lauréat d'un prix Pulitzer en 2007. Comme on le voit dans le documentaire qui lui a été consacré en 2015, *City of Gold*, cette légende vivante au bel embonpoint (vu le nombre de repas qu'il avale, on le comprend !) défriche les quartiers les plus éloignés de la ville, goûte la nourriture des *food trucks* et des stands de rue les plus improbables, et en tire des critiques qui, lorsqu'elles sont élogieuses, peuvent déplacer les foules.

Bon, lui n'est pas un exemple à suivre : il mange comme quatre. Mais le reste de la population qui, elle, n'exerce pas le même métier, a un rapport assez réjouissant à la nourriture.

À LOS ANGELES — **À SANS FRANCISCO**

(selon le compte de Trip Advisor en mai 2017)

À PROPOS DU NOMBRE DE RESTAURANTS À L.A.

52 % des habitants pensent qu'il y en a trop.

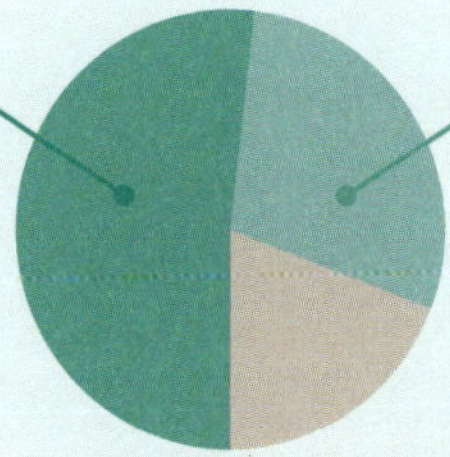

29 % pensent que, au contraire, il en faudrait encore plus !

Un chiffre obtenu via sondage auprès de ses lecteurs par Eater, le site de référence des foodies, après qu'une cinquantaine d'adresses (dont certaines très réputées) ont fermé leurs portes en six mois – signe d'un marché saturé...

EN CALIFORNIE

1 492

MAC DONALD'S

C'est l'État qui en possède le plus.

EN CALIFORNIE

RESTAURANTS POSSÉDANT AU MOINS 1 ÉTOILE AU MICHELIN
en 2016.

Six de ces tables ont décroché 3 étoiles. Toutes sont concentrées dans la Bay Area, c'est-à-dire à San Francisco et alentour… puisque le guide rouge a cessé d'explorer Los Angeles en 2010 (au grand dam de ses foodistas, qui multiplient les listes d'excellentes adresses afin de faire revenir ces exigeants critiques gastronomiques !).

RESTAURATION

1 475 100
EMPLOIS

AGRICULTURE

3 000 000
EMPLOIS

(en 2013)

VEGGIES PLEASE

Plus d'un tiers des fruits et légumes consommés aux États-Unis sont cultivés en Californie (qui, au passage, produit 90 % de tout le brocoli du pays !). Terre nourricière au climat méditerranéen, sur laquelle poussent (presque) toute l'année du raisin, des laitues, des fraises, des tomates, mais aussi quantité d'amandes et de noix, le « Golden State » entretient un rapport étroit au végétal. Le site de livraison de nourriture à domicile Grubhub a étudié toutes les options de restauration végétarienne du pays et livré un top 10 des villes les plus accros : la Californie y est plus représentée qu'aucun autre État grâce à Los Angeles, San Francisco et San Jose. Est-ce la multiplication des allergies, ou des intolérances, réelles ou imaginaires, concernant les produits laitiers ? l'engouement pour les jus détox et pour tout ce que l'organisme digère sans trop d'efforts ? D'autant que ces dernières années, la connaissance des bienfaits des cinq fruits et légumes par jour et plus si affinités a été boostée par une conscience *green* modernisée (par rapport à celle, souvent moquée, des années 1970). Engagement écologique oblige, on veut manger bio, sans pesticides, de saison, privilégier les circuits courts, le *farm to consumer* (« de la ferme à la table »), le local. Et quand on dit « local », le mot peut être à prendre au pied de la lettre. Un jour où je venais de déjeuner au restaurant Manuela, qui est situé dans la galerie d'art Hauser Wirth & Schimmel, à Los Angeles, je me baladais dans le reste du bâtiment, en quête d'une œuvre de Louise Bourgeois ou de quelque autre artiste… lorsque je suis tombée sur des plants d'herbes, de tomates, de salades, et même des poules qui picoraient tranquillement derrière un grillage ! Ce n'était pas une installation contemporaine, c'était, plus bêtement, le potager du restaurant.

Manuela at Hauser & Wirth

907 East 3rd Street (Downtown Los Angeles)

www.manuela-la.com

Pas étonnant qu'il y ait tant de monde sur les marchés le week-end. Le *farmer's market*, c'est une institution dans toutes les grandes villes des États-Unis, la sortie incontournable, le rendez-vous de tous les bobos branchés et friqués (il le faut, ça coûte très cher là-bas de bien se nourrir), qui raffolent de ce moment convivial où ils goûtent, se renseignent, s'enthousiasment pour le laïus de vendeurs passionnés. Les stands y apposent fièrement d'énormes banderoles annonçant *certified organic* (« certifié bio »), *family owned* (« ferme familiale ») et autres « *we grow what we sell* » (« nous cultivons nous-mêmes nos produits »). Excessif ? Ne pas oublier que les scandales alimentaires surgissent régulièrement aux États-Unis, pays auquel on associe plus volontiers aujourd'hui des images de maïs transgénique, de champs de pesticides et d'horreurs sanitaires en tous genres que le souvenir des terres labourées par Charles Ingalls lui-même dans *La Petite Maison dans la prairie* (censée se dérouler dans le fin fond de l'Amérique, la série a été tournée sous le soleil de la région). Très impressionnant, le marché du quartier de Little Italy à San Diego s'étale sur plusieurs blocs. On y avance à touche-touche et on y joue des coudes. À San Francisco, c'est au Ferry Plazza, face à la mer, que ça se passe, pour une population huppée et des touristes émerveillés. À Los Angeles, le marché d'Hollywood et celui de Santa Monica sont les plus courus, parmi une foultitude d'autres un peu partout. On n'y trouve pas que des fruits et des légumes, à vrai dire : il y a aussi de la viande garantie sans hormones et du poisson pêché dans la région, que le vendeur apporte dans des glacières, ainsi que des fromages de chèvre frais – parfois accompagnés des chèvres qui en sont à l'origine ! Mais le must, ce sont ces bottes de carottes ou de radis vendues directement par les fermiers des environs, ces maïs ou ces pommes de terre, ces champignons sauvages vendus au prix de la truffe. Ces fromages végétaux fabriqués par des passionnés qui vous racontent tout sur les transformations du lait de cajou. Ou encore ces miches croustillantes bichonnées par des artisans boulangers et ces confitures gorgées des bons fruits locaux mises en boîte par des filles *trendy*. Car oui, le tradi, c'est sexy, et les produits de grand-mamie ne font pas fantasmer que les seniors.

ORGANIC
ESCAROLE
$3.00 EACH
Organic
FRISEE
$3 ea.
ORGANIC!
Kale
$3.00

ACHETER SES VEGGIES COMME UN CALIFORNIEN :

Se rendre au marché une fois par semaine pour faire le plein.

Apporter un panier en osier, ou mieux, un Caddie. J'ai des amis extrêmement jusqu'au-boutistes qui poussent l'exigence jusqu'à faire leur marché à vélo en fixant une carriole à l'arrière. Le plus admirable : ils habitent dans les collines (et ont des mollets d'enfer).

Si c'est autorisé... goûter à tout ! Les *farmer's markets* débordent systématiquement d'échantillons de poires, de pommes ou d'oranges, mais aussi de mozzarella ou de pain à tremper dans des huiles, coupés en minimorceaux à attraper avec une pique.

Privilégier les petits producteurs pas nécessairement bio, mais locaux. Lire les banderoles, ceux qui pratiquent le circuit court l'annoncent.

N'acheter que des produits de saison.

Ne pas se rendre au marché et tricher en faisant ses réserves de fruits et légumes au supermarché. Culpabiliser. Qu'on se rassure : ça aussi, c'est très californien.

Ou bien, cultiver sa petite parcelle de jardin ou sa bande de terre devant la maison. Tout aussi cali.

La suprématie du végétal a débouché sur un courant radical : le vegan, ou végétalisme. Il n'y est question, pour des raisons d'écologie, d'éthique ou d'intolérance, que de consommer des produits végétaux, et aucun issu des animaux ou de leur exploitation, ce qui inclut bien sûr la viande, le poisson, mais également les œufs, le lait, les produits laitiers, même le miel. L'association Peta, hyperactive dans la défense des animaux, a publié son classement des dix villes les plus *vegan-friendly* du pays : Los Angeles arrive en deuxième place, juste après Portland, et San Diego atteint la sixième place. Le magazine *VegNews* a même décrété L.A. « *the center of the (vegan) universe* » !

Et pourtant, le courant vegan ne se vit pas forcément en mode extrême. On peut se régaler dans un restaurant végétalien un jour et avaler un énorme hamburger le lendemain : le fameux équilibre californien. Ouverture d'esprit oblige, le militantisme s'invite rarement à table, si on n'aime pas la viande, on cohabite avec celui qui en mange, sans chercher à envenimer l'atmosphère avec un discours enflammé. Il y a systématiquement des options végétales, y compris dans les meilleures *steak houses*. De même, le carnivore passionné n'a aucun problème à se rendre de temps à autre dans une adresse vegan histoire d'accompagner ses amis. J'ai été bluffée lorsque je suis entrée chez Crossroads Kitchen, à L.A. : j'aurais pu me croire dans n'importe quel restaurant chic du quartier, West Hollywood, avec les banquettes en cuir, la lumière tamisée, le long bar à cocktails, le nom du chef en bas de la carte, et un menu proposant des pâtes à la carbonara, des saucisses et un plateau de fromage… sauf que tout était « faux ». Enfin, vegan. Et absolument délicieux. Une manière de faire qui a le don de réjouir les adeptes les plus acharnés, tout en comblant aussi la gourmandise des autres.

Manger végétal à la manière d'un chef angeleno :

- Remplacer le hot-dog… par le *carrot dog* ! La géniale idée de Fritzi Dog, à Los Angeles, par ailleurs très réputé pour ses hot-dogs classiques. En cherchant à proposer une option *green*, le cuisinier n'a pas voulu recourir aux fausses saucisses, d'où une carotte bio minutieusement marinée pendant dix-huit heures (!) dans un mélange de 26 épices. Divin.

Fritzi Dog 814 Traction Avenue (Downtown Los Angeles) et 6333 West 3rd Street (West Hollywood, dans l'Original Farmers Market) - http://fritzidog.com

◆ Au lieu d'envisager le repas autour d'une viande ou d'un poisson et d'imaginer les accompagnements qui iront avec, on préfère considérer le légume comme le plat principal. C'est ce qui se fait chez Bäco Mercat, qui n'est pas un restaurant végétarien, propose de la viande à sa carte, mais a tout un choix de légumes stars : aubergine rôtie, chou-fleur caramélisé, chou romanesco braisé, ou encore potimarron à la feta et au miel, chou de Bruxelles façon salade Caesar, carottes entières sur crème de navet… Miam.

Bäco Mercat 408 South Main Street (Downtown Los Angeles)
www.bacomercat.com

◆ Ou alors, considérer la partie protéinée comme un additif. Chez Commissary, l'une des tables du chef Roy Choi, le « Rainbowl Power Lunch » est un *grain bowl* (avec donc un jeu de mots sur *rainbow*, « arc-en-ciel », et *bowl*, « bol ») dans lequel les graines sont surmontées de légumes et crudités de saison cuits à point. En option : du tofu ou du confit de poulet ou du steak, qui se paient en supplément.

Commissary 3515 Wilshire Boulevard (Koreatown)
www.eatatpot.com/commissary-info

◆ Réinventer les cuisines du monde comme chez Gracias Madre, qui, en 2014, a été… le premier restaurant mexicain vegan de Los Angeles. La chef Chandra Gilbert en avait déjà ouvert un à San Francisco dès 2009, twistant le ceviche ou la *quesadilla*.

Gracias Madre 8905 Melrose Avenue (West Hollywood) et 2211 Mission Street (San Francisco)
http://graciasmadreweho.com et http://gracias-madre.com

◆ Réinventer le plateau de fromage en version végétale, sans oublier les noix et la confiture d'airelles pour la déco, comme le fait le chef de Crossroads Kitchen. Le *vegan cheese* a largement détrôné le tofu, passé, lui, au rang d'un basique.

Crossroads Kitchen 8284 Melrose Avenue (West Hollywood)
www.crossroadskitchen.com

◆ Ou alors, utiliser du fromage végétal à tartiner à la place de la moutarde ou du pesto dans sa recette favorite de sandwich. Cela peut être excellent, comme chez Vromage, *cheese store* vegan.

Vromage 7988 Sunset Boulevard (West Hollywood)
www.vromage.com

◆ Se mettre à la glace sans crème ni œufs. Pas uniquement au sorbet, végétalien par définition, mais vraiment à la crème glacée vegan, à base de lait végétal (type amande ou coco). On peut la fabriquer à la maison en s'inspirant des parfums fabuleux de Salt & Straw (comme noix de coco et fraise des bois avec morceaux de biscuits à la noix de pécan).

Salt & Straw Plusieurs adresses à Los Angeles, San Francisco (et Portland)
http://saltandstraw.com

Bar Ama
118 West 4th Street
(Downtown Los Angeles)
www.bar-ama.com

Corollaire du végétal, le *raw* (« cru »), dans lequel les aliments ne sont jamais cuits à une température supérieure à 42 °C, ce qui permet de préserver vitamines, enzymes, fibres, minéraux et de s'offrir les bénéfices d'une alimentation dite « vivante »… le *raw*, donc, est une tendance qui s'éteint tranquillement à Los Angeles. Après avoir débarqué en fanfare il y a quelques années autour de quelques chefs adulés, elle ne s'illustre plus guère aujourd'hui que dans l'équilibre cru/cuit des *grain bowls*, et dans et un engouement persistant pour le *raw chocolate*, superaliment déculpabilisant grâce à la préservation des antioxydants contenus dans les fèves de cacao. Est-ce la concurrence des bars à jus, naturellement crus ? Ou celle d'autres contraintes, plus incontournables, comme les allergies au gluten, aux produits laitiers, aux noix, au soja, qui continuent de guider nombre de menus et de restaurants ? Toujours est-il que la Californie, c'est cela aussi : un énorme rush de curiosité envers de nouveaux aliments, de nouveaux chefs, de nouveaux concepts, et puis un abandon pur et simple sans le moindre scrupule une fois la lassitude venue. Et c'est ce qui finalement, dans ce turn-over impitoyable des tables, des cuisiniers, fait ce bouillonnement de la scène culinaire : on est sans cesse en train d'y inventer la prochaine idée.

RECETTE DU VÉGÉTAL QUI EST SUR TOUTES LES TABLES : LE CHOU-FLEUR RÔTI

(Une variante à la purée de cajou, inspirée et simplifiée de celle du chef Josef Centeno, du Bar Ama.)

Ingrédients pour le chou-fleur :
1 gros chou-fleur
20 g de fromage *cotija* (mexicain, à base de lait de vache, proche de la feta – qui peut d'ailleurs le remplacer)
Quelques brins de coriandre
3 cuillerées à soupe d'huile d'olive
Le jus d'un citron vert
Sel, poivre

Ingrédients pour la purée de cajou :
100 g de noix de cajou non salées
40 g de fromage *cotija*
1/2 botte de coriandre
1/2 gousse d'ail
Le zeste d'un demi-citron vert
Trois pincées de piment de Cayenne
70 ml d'huile d'olive
Sel, poivre

Préchauffer le four à 240 °C.

Préparer la purée de cajou : hacher grossièrement les noix de cajou à l'aide d'un mixeur et les faire griller à la poêle.

Dans le mixeur, incorporer la majeure partie des noix de cajou (il faut juste en garder quelques grammes pour la déco), le fromage *cotija* émietté, la coriandre, la gousse d'ail, le zeste de citron vert, le piment de Cayenne, l'huile d'olive. Mixer jusqu'à ce que le mélange soit épais, mais pas trop lisse. Assaisonner.

Préparer le chou-fleur : le découper en fleurettes.

Dans une grande poêle, faire chauffer l'huile d'olive à feu moyen puis y ajouter les fleurettes. Couvrir. Laisser cuire 10 minutes jusqu'à ce que le chou-fleur soit tendre, en remuant régulièrement, et éventuellement en ajoutant un filet d'eau pour éviter que ça attache.

Transférer le chou-fleur dans un bol. Mélanger avec la purée de cajou. Saupoudrer du restant des noix de cajou grillées, des brins de coriandre hachés au couteau, du fromage *cotija* émietté, et parsemer du jus de citron vert.

CHEF !

En Californie (mais on le sait, le phénomène a contaminé le monde entier), l'ultime métier qui fait rêver, le nouveau synonyme de travailleur sexy… c'est chef ! Sûrement le coup de *boost* des émissions culinaires qui les mettent en vedette. Sauf que le chef californien témoigne d'un statut un peu à part. Il est, dans une région extrêmement enthousiaste face à l'univers culinaire, un dieu de la *food* que le commun des mortels contemple avec admiration, et avec lequel le *nec plus ultra* consiste à faire un selfie si la chance se présente ; mais il est aussi un type comme un autre que l'on peut apercevoir en train d'analyser un bouillon, sans qu'il vienne l'idée de qui que ce soit d'aller le déranger en cuisine pour jouer au fan. Bref, c'est une star médiatique autant qu'un simple artisan. En général, il n'est dans son restaurant que de passage, pour donner des conseils, pour voir comment tout se déroule, pour observer sa clientèle, car certains deviennent vite de véritables entrepreneurs, avec une multitude d'employés qui reproduisent leur technique (en espérant bientôt ouvrir leur propre adresse à leur tour).

Un jour, j'ai croisé l'un d'eux, Roy Choi, main dans les poches devant l'un de ses *food trucks*, lui qui est par ailleurs le chef de plusieurs des tables les plus courues de Los Angeles. Car, après un apprentissage dans des cuisines prestigieuses ayant pignon sur rue, c'est de là qu'il a surgi : du *food truck*, faisant passer le bon vieux camion itinérant bien utile au stade de véritable phénomène culinaire. Soudain, le *food truck* n'était plus seulement pratique parce que garé tout près du bureau, c'était le nouveau spot à découvrir (quitte à venir de l'autre bout de la ville en voiture) ! Aujourd'hui, ce camion cuisine n'a rien perdu de son aura, d'autant que les loyers s'envolent, rendant plus difficile pour les jeunes chefs l'ouverture d'un restaurant en dur. Et puis, les Californiens raffolent des événements en extérieur, comme des séances de cinéma ou des concerts en plein air, des marchés aux puces, des journées piétonnes, moments festifs auxquels viennent systématiquement se joindre la fine fleur des *food trucks*. Ces derniers sont même généralement annoncés sur les programmes, ce qui fait que l'on ne vient pas seulement voir un film ou acheter une bougie faite maison : on vient également se rassasier auprès d'un des noms de la *street food*.

Il y en a pour tous les goûts : les *food trucks* de hamburgers, de *fish and chips*, de *chicken wings*, de pizzas, les *food trucks* mexicains, chinois, brésiliens, japonais, philippins, les *food trucks* de glaces artisanales, de donuts, de pudding… Le Nomad, hôtel new-yorkais qui possède un restaurant réputé, a baladé son camion un peu partout dans la ville avant d'ouvrir sa première adresse à Los Angeles. L'objectif : faire la promo de sa cuisine haut de gamme. Car qui dit *food truck* ne dit pas nécessairement tarifs démocratiques ! On a beau devoir l'avaler debout, dans l'herbe ou sur un muret, le sandwich au homard de Cousins Maine Lobster est loin d'être bon marché. Idem pour les tacos à la truffe ou aux oursins de Guerilla Tacos ! Mais ce ne sont pas obligatoirement les plus chers qui sont les meilleurs. Même les cuisiniers qui n'ont pas de quoi se payer un véhicule et se contentent d'improviser chaque jour leur stand sur le trottoir peuvent proposer de la nourriture succulente et faire se déplacer les gourmets dans des quartiers inconnus, surtout lorsqu'ils ont la chance d'avoir été repérés et adoubés par le critique culinaire Jonathan Gold. En gros, on peut débourser 1,50 dollar ou 15, c'est selon l'humeur et le porte-monnaie, et il y a des chances pour que les deux soient merveilleux.

Pour manger sur le pouce comme là-bas :

- Traquer les *food trucks* dans toute la France ! Le secteur est en pleine expansion, la progression serait de 1 200 % en deux ans, et 1 *food truck* serait créé chaque jour. Il y en a forcément un dans le coin.
- Déclarer que la *street food*, c'est la nouvelle gastronomie. Et toc.

Qu'ils soient passés par la case *food truck* ou pas, les nouveaux chefs sont les rois de Los Angeles. Je dis Los Angeles, et pas San Francisco ou une autre ville de la Californie, déjà parce que je vis dans la « cité des Anges » et que donc je connais mieux ses tables, et en outre parce qu'il me semble que c'est à L.A. que l'on s'intéresse au nom des cuisiniers, alors qu'ailleurs on s'intéresse au nom des restaurants – nuance. En outre, ce sont les chefs angelenos qui, peut-être parce qu'ils sont furieux d'être boudés chaque année par les macarons du Michelin, publient le plus de livres de cuisine ! Tous ont inventé ou réinventé quelque chose, apporté leur petite pierre à l'édifice culinaire. Roy Choi est celui qui a ajouté la dimension la plus sociale à son empire, lançant une chaîne de restauration rapide, pas chère mais exigeante, dans des quartiers défavorisés. Un engagement que l'on retrouve également chez Alvin Cailan,

Eggslut

Plusieurs adresses, dont 317 South Broadway (Downtown Los Angeles, dans le Grand Central Market) /

www.eggslut.com

Trois Mec

716 Highland Avenue (Hollywood) /

http://troismec.com

qui ne se contente pas de surfer sur la vague de son Eggslut, où il cuisine l'œuf dans tous ses états, mais qui s'efforce d'aider au maximum ses collègues, créant, Downtown, un espace consacré aux jeunes chefs n'ayant pas les moyens d'ouvrir leur propre restaurant. Le *frenchie* Ludo Lefebvre est celui qui a transfiguré le menu gastronomique chez Trois Mec (la faute d'orthographe est voulue). Ses compères Jon Shook et Vinny Dotolo se sont imposés comme les hipsters des fourneaux. Josef Centeno, de Bäco Mercat ou Bar Ama, est l'un des plus fervents adeptes du *plant-based* (végétal), allant jusqu'à appeler l'une de ses cantines P.Y.T., pour « Pretty Young Turnip » (« Joli Jeune Navet » !). Walter Manzke est celui qui a réussi à faire de République une boulangerie vénérée le jour, et un restaurant bondé le soir… La liste pourrait être très très longue.

P.Y.T.

400 South Main Sreet
(Downtown Los Angeles)

www.pytlosangeles.com

République

624 South La Brea Av.
(West Hollywood)

http://republiquela.com

LES LIVRES DE CHEF À SE FAIRE RAPPORTER (ET TRADUIRE) :

L.A. Son. My Life, My City, My Food

Le fabuleux destin de l'indispensable Roy Choi, chef des très prisés Pot et Commissary, et créateur des chaînes Chego et LocoL, qui mêle sa chronique perso aux secrets de son poulet sauce *satay*.

Pot 3515 Wilshire Boulevard (Koreatown) - www.eatatpot.com/potinfo
Chego 727 North Broadway (Downtown Los Angeles)
et 12236 Washington Boulevard (Culver City) - http://eatchego.com
LocoL 1950 East 103rd Street (Watts) - www.welocol.com

Everything I Want to Eat. Sqirl and the New California Cooking

Derrière ce titre à rallonge se cache Jessica Koslow, la surdouée du riz soufflé, du toast brioché à la ricotta et du toast à l'avocat. Sqirl, sa minicantine du quartier de Silver Lake, régale une population de branchés en apportant une touche de glam' *healthy* à des basiques californiens.

Sqirl 720 North Virgil Avenue (Silver Lake) - http://sqirlla.com

On Vegetables. Modern Recipes for the Home Kitchen

Le végétal transcendé par Jeremy Fox, le chef de Rustic Canyon, à Santa Monica. Un beau livre, des belles photos, mais l'auteur ne veut pas qu'on se contente de les regarder : il veut que son bouquin termine déchiré et couvert de taches !

Rustic Canyon 1119 Wilshire Boulevard (Santa Monica)
http://rusticcanyonwinebar.com

Gjelina. Cooking from Venice, California

L'une des adresses sur la côte dont les files d'attente sont les plus longues le week-end délivre l'art de sa cuisine à la fois traditionnelle et light, gourmande et *healthy*, du ragoût de pois cassés à la salade kale-fenouil et au gâteau à l'huile d'olive.

Gjelina 1429 Abbot Kinney Boulevard (Venice) - www.gjelina.com

Sweet

Pour les becs sucrés ! L'auteur, Valerie Gordon, est à la tête de Valerie, un mini-empire de la pâtisserie plébiscité pour ses gâteaux en bouchées nappées de chocolat blanc, ses truffes et ses confitures. Son must : le *champagne cake* !

Valerie Plusieurs adresses, dont 1665 Echo Park Avenue (Echo Park) et 317 South Broadway (Downtown Los Angeles, dans le Grand Central Market) - www.valerieconfections.com

OU ALORS… LES FOOD BLOGGERS ET INSTAGRAM ADDICTS À SUIVRE :

Faring Well Une cuisine saine, ensoleillée, en direct de SoCal (South California).

◆

What's Cooking Good Looking Le triomphe du naturel, des graines et de tout ce qui fait du bien à l'intérieur comme à l'extérieur.

◆

Betty Liu Basée à Boston, mais très influencée par ses origines chinoises et son enfance en Californie.

◆

Kitchen Confidence De San Diego, ce *food explorer* sublime les légumes de saison et invente des infinités de cocktails.

◆

A Side of Sweet Tout l'esprit à la fois urbain et *healthy* de San Francisco.

◆

Hither & Thither Du style, de la déco et de la *food* par celle qui pourrait être notre meilleure copine dans la Bay Area !

◆

@julieskitchen L'art de présenter ses plats, sa table, sa maison, sa vie comme un rêve californien.

◆

@hungryinLA Pour voir ce qui se fait dans les restaurants les plus alléchants de Los Angeles.

À Los Angeles, la nouvelle vague de chefs est à l'origine d'une tendance particulière : le *all-day breakfast*. Ce petit déjeuner perpétuel n'a rien à voir avec les horaires des uns des autres, encore que, tout le monde n'exerçant pas un emploi de bureau, les emplois du temps sont assez libres. Mais bon, l'idée, c'est plutôt que si le *all-day breakfast* est un fondement de l'Amérique et de ses *diners*, établissements pas chers servant à toute heure d'énormes omelettes, de larges portions de pommes de terre sautées et des piles de pancakes, il a été anobli par les surdoués des fourneaux. On en a déjà cité deux : Alvin Cailan et son Eggslut, un stand dans Grand Central Market devant lequel il y a toujours la queue, Jessica Koslow et Sqirl, adresse aussi rikiki que grande est sa réputation. Il y a une foule d'autres noms moins connus aux tables néanmoins très prisées, grâce auxquelles on avale désormais à toute heure de la journée mille et une spécialités d'œufs et autres essentiels d'un petit déjeuner solide. Avec elles, on a sans cesse la délicieuse illusion de démarrer sa journée… ou d'être un dimanche. Car on pourrait d'ailleurs décrire cette tendance autrement que par *all-day breakfast* : on pourrait dire *all-week brunch* ! Ainsi, on peut s'offrir un bon brunch un lundi, un mercredi, comme on veut, sans nécessairement venir en famille ou entre amis, mais seul avec son livre, son ordinateur ou son Smartphone. Après la sushimania ou la *ramen-addiction*, c'est à L.A., comme dans toute la Californie d'ailleurs, la dernière mode.

Se nourrir façon « all-day breakfast » :

- L'omelette et ses infinies variations (fourrée au jambon, aux champignons, aux épinards). Ou avec la *Californian touch*, c'est-à-dire au blanc d'œuf ! Cela lui enlève de ses calories, paraît-il, mais aussi beaucoup de son intérêt, à dire vrai.
- Les œufs brouillés bien crémeux, donc pleins de beurre ou de parmesan. Les œufs Bénédicte, au bacon ou au saumon.
- L'œuf au plat posé sur une salade de chou kale, sur une polenta crémeuse, sur un toast à l'avocat.
- La *frittata*, qui se cuit dans un poêlon au four, dans laquelle on glisse beaucoup d'œufs et tous les ingrédients de saison dont on a envie.
- La spécialité d'Eggslut : des œufs brouillés au cheddar et à la ciboulette avec des oignons caramélisés et de la « mayonnaise *sriracha* » (mayonnaise + mou-

tarde + sauce chili) entre deux magnifiques pains à hamburger bien dorés. Existe aussi en version œuf mollet, bacon, tranche de cheddar et tabasco.

- Le *chakchouka*, classique du Moyen-Orient : un ragoût de tomates, poivron, chou kale, yaourt et coriandre surmonté d'un œuf frit, à servir avec de grands morceaux de baguette grillée pour faire trempette.
- Une fois qu'on s'est rassasié… on n'ajoute pas de dessert. Ni croissant ni scone au beurre et à la confiture, même si nous sommes bien d'accord : c'est tentant.
- Donc si on a le bec sucré, on ne choisit qu'un plat : le « yoghourt parfait », mélange de yaourt, de granola et de fruits rouges.
- Ou alors, le pancake nappé de sirop d'érable les jours où tout est permis !

LA LISTE DE COURSES POUR CUISINER COMME UN ANGELENO

- **De l'avocat bien mûr.**

À ajouter à n'importe quel plat, parce qu'il regorge de bienfaits, dont des acides gras insaturés bons pour la santé, de la vitamine C, de la vitamine E, du potassium et du magnésium… Et parce qu'il donne du moelleux, et qu'il est divin avec juste un filet d'huile d'olive et de citron !

- **Des œufs de poules élevées en plein air.**

Pour ne jamais rater son *all-day breakfast*.

- **Des framboises et des myrtilles.**

Parce qu'elles sont hyper-antioxydantes, toujours de saison à L.A., et se casent dans tous les desserts.

- **Du houmous.**

À manger en tartine, à la petite cuillère, dans son *grain bowl*, c'est l'en-cas cali par excellence.

- **Du guacamole.**

Idem. Et les grands jours : devant la télé avec un paquet de nachos !

- **De la choucroute.**

Totalement tendance, applaudie pour son apport en probiotiques, ce n'est pas la choucroute-saucisse alsacienne, mais une choucroute froide à savourer en salade.

- **Tous les légumes possibles et imaginables,**

à mitonner en soupe ou en plat inventif.

- **Des petits pois surgelés.**

Autant les haricots, que je n'ai jamais connus là-bas autrement que filandreux, sont un peu boudés, autant les petits pois s'invitent partout.

- **Des graines à faire cuire.**

Pas de *grain bowl* sans *grains*. À acheter de préférence en vrac, sans packaging, histoire d'être en prime « zéro gaspi ».

- **Des graines de tournesol, de lin ou de chia,**

des superaliments dont saupoudrer n'importe quelle préparation.

- **Des fruits secs.**

Et hop, une poignée en cas de petit creux !

- **Du beurre de cacahuète**

(sans additifs, merci), ou d'amande, ou du *tahini*. Le snack nutritif et sain à condition de ne pas en abuser.

- **Du miel,**

pour répondre sainement aux envies de sucré… et pour fabriquer tout un tas de produits de beauté en mode *do-it-yourself* !

- **Du pain brioché, du pain à hamburger ou des bagels,**

pour réussir ses sandwichs, et inviter ses amis à des barbecues.

- **Du lait végétal,**

pour créer des sauces, accompagner ses céréales ou boire.

FAMILY STYLE

Tous ceux qui ont un jour voyagé aux États-Unis l'ont remarqué : les portions sont gigantesques. Totalement inimaginable dans les nouvelles adresses ! Le plat principal a une taille raisonnable, et avant d'y arriver, la carte propose généralement ce qui s'appelle des *small plates* (« petites assiettes »). Non seulement elles sont plus réduites, mais elles se dévorent à plusieurs, *to share* (« partager ») et *family style* (« comme à la maison ») étant deux autres maîtres mots des menus d'aujourd'hui. Un peu comme des tapas, mais en version gastronomique. En général, les serveurs conseillent d'en commander trois ou quatre par personne, si on a l'intention de laisser tomber le plat principal. Ce dernier est en vraie voie de ringardisation, le pauvre. Le brainstorming, derrière ce phénomène en vogue ? D'abord faire primer la qualité sur la quantité, la bonne portion de burrata plutôt que le gros bloc de mozzarella, la salade de luxe à taille humaine plutôt que la frisée lambda pour trois semaines. Mais pas que. C'est toute une philosophie de la convivialité que les restaurants dernière génération souhaitent offrir. Il ne s'agit pas juste de se remplir la panse, et de s'en aller une fois rassasié. Il s'agit de passer une bonne soirée, de communiquer autour de la nourriture, de s'extasier en chœur.

Forcément, ça change profondément les propositions de plats. On ne va pas se partager un steak ou un saumon. Le plat principal traditionnel, souvent une protéine, passe au second plan, voire tombe aux oubliettes, au profit d'entrées qui consistent volontiers en mille et une expérimentations réjouissantes sur la notion de fusion. Pas le cliché de la *fusion food* qui a eu son heure de gloire dans les années 1990, mais plutôt sa version plat par plat. Le chef contemporain picore dans toutes les cuisines du monde et tisse des cartes dans lesquelles des bases profondément américaines cohabitent avec des influences italiennes, françaises, espagnoles, des clins d'œil à l'Asie, à l'Inde, un regard vers le Moyen-Orient. Si l'on consulte le menu du starissime restaurant République, on peut avoir le choix entre des toasts de foie gras et des escargots, du poulpe grillé, des beignets de patate douce sauce curry, un *hiramasa crudo* (poisson cru avec un filet d'huile d'olive), des œufs brouillés sur des toasts… Le plus incroyable, c'est que ça n'est pas comme lorsqu'on lit sur une enseigne « Kebab et crêpes bretonnes » et que l'on se méfie ! Là, chacune des *small plates* est délicieuse, maîtrisée, et leur ensemble forme une unité : c'est l'identité de cette table.

Inviter selon les préceptes du « family style » :

- Mettre fin à la sacro-sainte suprématie de l'entrée-plat-dessert, qui laisse souvent sur le carreau quelques convives – les végétariens face à un plat de viande, par exemple !

- En fait, rayer de son vocabulaire (et de ses réflexes culinaires) l'expression « plat principal ».

- Proposer tout un tas d'assiettes qui font office d'entrée et de plat à la fois.

- Utiliser des ingrédients simples, mais miser sur des herbes, des sauces qui décalent.

- Cuire au gril, par exemple un poulpe au citron et à l'huile d'olive, simplissime.

- Ne pas se poser la question de la cohérence : la cohérence, c'est vous !

- Mettre des grandes cuillères dans chaque plat et inviter à se servir à sa guise.

- Ne pas « passer au fromage », mais apporter le plateau en même temps que le reste.

- Papoter abondamment tout en dégustant.

- Au dessert, rester simple. L'idéal ? Un grand bol de glace dans lequel chacun se sert et quelques biscuits à croquer avec.

Au restaurant, on vient donc à plusieurs se partager un festin, jusqu'au dessert qui, à moins de tomber sur un glouton égoïste, est rarement dégusté en solo. Et là, il y a un autre détail remarquable. Quand on dit « restaurant de chef », en France, on pense lieu intimidant, tirelire à casser, *dress-code* strict, occasion exceptionnelle, grands-parents en option. Rien de tout cela à Los Angeles. Les adresses guindées existent, mais ce ne sont pas elles qui imaginent la cuisine de demain, attirent la jeune génération et ont le vent en poupe. Chez les néochefs, le public a 35 ans de moyenne d'âge, est en jean-baskets, il vient volontiers en bande, le serveur le salue d'un « *Hi, guys!* », il n'est pas question de prendre entrée-vin-plat-dessert, et si l'addition n'est pas donnée, elle n'est pas plus chère que si c'était moins bon. L'explication est peut-être à aller chercher du côté de l'origine modeste des chefs et de leur héritage, très souvent, de la *street food*. Ou tout simplement dans cette légendaire « coolitude » californienne !

Serait cela, finalement, la cuisine californienne, ce mélange de *food* et de décontraction (voire d'épicurisme) ? Il y a un débat sur la côte ouest pour savoir si le concept existe, si la cuisine californienne ne serait pas simplement l'agrégat de toutes les cuisines du monde. On peut se le demander, dans la mesure où beaucoup de restaurants « *so* Los Angeles » ou « *very* San Francisco » proposent des assiettes de charcuterie, un concept a priori pas très cali ! Auteur du livre *Inside the California Food Revolution*, qui raconte comment, il y a trente ans, malgré l'héritage des utopies hippies et son mode de vie en communion avec la nature, il était impossible de trouver en magasin une salade autre que l'iceberg, Joyce Goldstein décrit la cuisine californienne en cinq mots : « fraîche, de saison, locale, durable, créative ». Une idée universellement attrayante.

I LOVE… LE DOGGY BAG

Un des rouages de la restauration que j'adore aux États-Unis, c'est le *doggy bag*. Quel plaisir, le jour suivant, de simplement sortir du réfrigérateur et/ou de faire réchauffer le reste du plat qu'un cuisinier professionnel a mitonné la veille. Les restaurants sont toujours parfaitement équipés : ceux qui servent des soupes de *ramen* ont des bols en carton avec couvercle en plastique, les autres ont en réserve des boîtes de toutes sortes, de toutes tailles, avec en prime des sacs plastique ou papier pour les transporter. Dans un pays souvent critiqué pour son gaspillage alimentaire (40 % de la nourriture filerait à la poubelle, ce qui tient à la fois du désastre écologique et du scandale humanitaire) : j'admire. D'autant plus qu'en France, où j'ai souvent réclamé d'emporter le reste de mon assiette, je me suis reçu nombre de regards disant « La radine », des hautains « On ne fait pas cela, nous », des justificateurs « Non mais ça ne va pas être bon demain »… et au mieux un morceau de papier d'aluminium pas toujours approprié, notamment pour emporter son reste de tarte au citron meringuée !

BARISTARS

Il y a le chef star… et il y a le « baristar ». Celui qui sait faire un bon café n'est pas la nouvelle grand-mère (« Grand-mère sait faire un bon café, lalalala, lalalala »), mais l'ultime maillon, avec le « mixologiste », maître ès cocktails, d'une trilogie adulée.

Autrefois, c'était simple : le café américain était imbuvable pour tout Européen, ses seuls mérites étant d'être peu cher et servi à volonté. Sur ce constat est arrivé Starbucks, d'abord assez discrètement dans les années 1970, puis dans un élan mondial vingt ans plus tard, initiant le public au gobelet unique de cappuccino, d'expresso ou de *macchiato*. La tendance a particulièrement pris en Californie, où l'exigence d'une tasse remarquable, d'une fève récoltée de manière éthique, doublée de l'attrait d'un *coffee shop* branché ont accompagné l'émergence des hipsters. À Los Angeles, c'est bel et bien autour d'un de ces établissements pour happy few que s'est développé le quartier de Silver Lake tel qu'on le connaît aujourd'hui – ultra-bobo. Il s'agissait de l'Intelligentsia Coffee, né à Chicago, qui a débarqué en 2007, imposant au passage un nouveau langage. Car oui, il est très compliqué de discuter avec un barista, garçon ou fille. Cet authentique passionné parle avec précision et un sérieux absolu de la provenance des graines de café, de leur récolte, de leur torréfaction, de leur percolation, alors que l'on a simplement demandé si le *brewed coffee* (littéralement, « café infusé ») était une bonne idée.

Intelligentsia Coffee

Plusieurs adresses,
dont 3922 West Sunset Boulevard (Silver Lake)

www.intelligentsiacoffee.com

En tout cas, le *coffee shop* noble avec ses machines à expresso rutilantes et ses *French press* (le terme est moins glamour traduit dans la langue de Molière : « cafetière à piston » !) est devenu partie intégrante de l'iconographie californienne. C'est là que l'on vient seul avec son ordinateur, profiter du Wi-Fi et sociabiliser en même temps, c'est là aussi que l'on se retrouve entre amis, ou que l'on donne ses rendez-vous de boulot. J'y vois très souvent des gens passer des entretiens d'embauche pour des start-up qui se montent, je me dis que ça doit être moins stressant pour l'employé potentiel qu'un bureau avec la moquette grise et le faux plafond. Les adresses uniques et plébiscitées se transforment rapidement en minichaînes. Pas question d'imiter Starbucks et ses plus de 5 000 points de vente aux États-Unis, dont plus de 2 000 en Californie (loin devant le Texas, qui en a 600, et New York, qui en a moins de 400 – c'est pour cela que n'importe quel *road-trip* sur la côte ouest se transforme rapidement en un déferlement de « Non mais t'as vu, encore un Starbucks ?! »). Cela dénaturerait tout l'esprit de ces lieux engagés sur le créneau de l'écologie et de l'éthique, pour lesquels la notion de récolte à taille humaine est cruciale. Mais un établissement dans chaque quartier en vogue : c'est l'idéal.

Tea addict

Excepté que moi, jamais contente, vous l'aurez noté, je n'aime pas le café. Heureusement, peu après que je suis arrivée, le thé, jusqu'ici totalement ignoré, a décollé à Los Angeles ! A priori, ce breuvage ne nécessite pas la même expertise ou le même matériel qu'une tasse de café digne de ce nom et peut se laisser concocter aisément à la maison. N'empêche : les *coffee shops* se sont mis à les inscrire à leur carte pour les hisser à un niveau de perfection supérieure. Chez Intelligentsia, encore eux, les feuilles d'Oolong, de thé blanc, vert ou noir proviennent des meilleurs terroirs, elles sont infusées par le barista avec un minuteur, ce qui crée quelque chose de délicieux (mais hors de prix, et pas à volonté, puisqu'on ne récupère pas le sachet qui a servi à le préparer). Le très réputé Alfred Coffee, dont le slogan est « *But first, coffee* » (« Mais d'abord, un café »), s'est fendu, lui… d'un Alfred Tea Room, aux murs tout roses. En plus d'être un peu sexiste, je le trouve petit joueur, puisqu'il se contente de donner de grands gobelets d'eau brûlante agrémentés d'un sachet, ce que je peux parfaitement faire chez moi.

FAIRE LE THÉ, LE VRAI, COMME CHEZ INTELLIGENTSIA

Oublier les thés parfumés et choisir quelque chose de sobre et authentique : un thé au jasmin, un Gunpowder, un Genmaicha, un Sencha, un rooibos nature, un thé blanc ou un Oolong tout simples.

Préférer le thé en feuilles et pas en sachet, afin qu'il ait gardé toutes ses qualités gustatives et ses bienfaits santé.

Le laisser infuser pile le temps qu'il faut et pas une minute de plus dans une cafetière à piston (la fameuse).

Y aller mollo sur la dose d'eau, il doit rester concentré, ne pas être totalement dilué.

Transvaser le breuvage dans une petite carafe en verre transparent, servir sur un plateau de bois, et boire dans une minuscule tasse sans anse en céramique ! (pour vraiment se croire dans ce bastion de Silver Lake)

Être avec un ami. Ou avec un autre type d'ami : son ordi.

La Californie ne laissant jamais filer une tendance bourgeonnante, toujours avide du prochain ingrédient sain et sympa, la vogue actuelle est au thé matcha. Cette poudre de thé vert finement moulue est réputée pour ses effets antivieillissement spectaculaires, son action drainante, sa manière de renforcer le système immunitaire, son exceptionnel dosage en vitamines A, C et E. Utilisée depuis longtemps dans la pâtisserie japonaise, surtout à Los Angeles, qui a son Little Tokyo, et à San Francisco, qui a son Japantown, elle fait désormais fureur en boisson. C'est également le cas en France, mais la différence est que sur la côte ouest elle s'est très vite inscrite au répertoire de tous nos « baristars ». *Trendy* à New York, le MatchaBar a traversé le pays pour s'installer à L.A. et servir des litres de ses préparations vert chlorophylle, en version thé chaud les jours froids, en version thé glacé les jours chauds. Difficile à dénicher il y a encore quelques mois, la poudre a également rejoint toutes les cuisines, dont la mienne, en étant vendue (ah, cette réactivité américaine) en dosettes à usage unique dans les supermarchés Trader's Joe.

MatchaBar

3534 Sunset Boulevard
(Silver Lake)

matchabarnyc.com

Dans certaines adresses, le barista doit avoir de nombreuses cordes à son arc, puisqu'il peut devoir fabriquer certaines modes d'hier devenus les basiques d'aujourd'hui, comme le *chaï latte*, au thé noir, au lait et aux épices. Mais ce qui l'occupe plus encore depuis quelques saisons, c'est le *golden milk*, aussi appelé *golden latte* ou « lait d'or ». Il s'agit cette fois d'une tasse de lait, idéalement un lait végétal, agrémenté de curcuma et de gingembre, qui lui confèrent sa couleur jaune ainsi que (là encore) ses bienfaits antioxydants et anti-inflammatoires, et, *last but not least*, sa réputation de prévenir les cancers. Il est simplissime à réaliser, et se consomme chaud ou froid. Après avoir bu le meilleur de toute ma vie au Bardonna, *coffee shop* présent dans les quartiers de Larchmont, Santa Monica et Silver Lake, j'ai essayé de l'imiter et de deviner son ingrédient mystère, qui s'est révélé être… la cardamome !

Bardonna

Plusieurs adresses, dont
1601 Montana Avenue
(Santa Monica) et
3206 Sunset Boulevard
(Silver Lake)

instagram : @bardonnala

◆

MA VERSION DU GOLDEN MILK COMME AU BARDONNA

Dans une casserole, verser une tasse de lait de coco, ajouter une cuillerée à café de miel, une cuillerée à café de cardamome, une cuillerée à café de curcuma, une cuillerée un peu moindre de gingembre, une autre de cannelle, mettre à chauffer à feu doux, et fouetter en continu. Lorsque ça commence à fumer... c'est prêt !

◆

LA DÉTOX QUI FAIT PLAISIR : COMMENT S'Y METTRE

Faire le plein de fruits, de légumes et de vitamines en s'adonnant régulièrement au *juicing*...

Tout en cédant de temps en temps et sans complexes à ses envies de fast-food.

Tester les nouvelles tendances, histoire de titiller ses papilles et d'élargir son horizon culinaire.

Faire des réserves de veggies pour la maison. Idéalement : au marché.

Privilégier le frais, le local, le bio, les produits de saison et les circuits courts.

Mettre les légumes au cœur de ses menus. Changer ses habitudes de construire son équilibre alimentaire autour d'une protéine – même au restaurant, même quand on reçoit.

Mais quand même, oser le *all-day breakfast*, qui fait la part belle aux œufs !

Témoigner d'une exigence qualitative qui privilégie les artisans du pain, du fromage, de la confiture, du chocolat, du café, du thé... S'approvisionner dans une logique de « moins, mais mieux ».

Avoir les bons livres de cuisine, ceux signés de chefs à la coule.

Multiplier les petites assiettes aux portions raisonnables. Partager avec les amis de passage.

Courir après les *food trucks*. Découvrir la *street food*.

S'offrir en petit plaisir un vrai café de barista comme on ne réussira jamais à le faire chez soi. Ou alors, un thé.

Apprécier ! Déguster ! Et se réjouir en communauté en photographiant ses plats pour les réseaux sociaux.

CHAPITRE 4

Come as you are

LA CALIFORNIA GIRL, REINE DU COOL

Parfois, quand on réserve un restaurant à Los Angeles, on lit « Tenue correcte exigée » sur le site. L'Européen songe immédiatement à un costume-cravate… peut-être un smoking… une robe habillée… des talons hauts. La réalité ? Rien de tout cela. Hors cérémonie des oscars, l'expression signifie simplement qu'il faut porter un pantalon (pas un short), une chemise (ne pas être torse nu) et des chaussures fermées (pas des tongs). Difficile de réclamer plus du client, dans cette région de « coolitude » vestimentaire suprême où, avant de sortir le samedi soir, on a parfois passé la journée à la plage. D'autant que ce bastion historique de la contre-culture est rétif aux modes. Le monde lui en a piqué beaucoup : des *good vibrations* de la culture plage dans les années 1960 au *Peace and love* et aux tuniques ethniques des hippies des années 1970, en passant par le jean-tee-shirt de Gap au temps du minimalisme *nineties* et le jogging en velours Juicy Couture de l'ère Paris Hilton. Mais pas question, en revanche, de s'en laisser dicter ! S'il existe bel et bien une Fashion Week à Los Angeles, aucune marque de renommée mondiale n'y participe de manière régulière, et contrairement à la *Fashion Week* de New York, l'événement fait généralement plus parler de lui pour sa désorganisation légendaire que pour les idées couture qui y émergent.

Mais comme toujours, on peut écrire : « en même temps »… Oui, en même temps, la Californie fait figure de nouvel eldorado fashion. Moi qui suis fascinée par le moindre de ses recoins, je collectionne les séries mode que les

CHANEL

magazines, y compris français, viennent photographier en masse sous sa lumière parfaite, dans ses déserts hypnotisants, devant ses fresques omniprésentes, face à ses maisons d'architecte. On croise régulièrement dans les rues un mannequin, professionnel ou en herbe, sa tenue, et le talent qui l'immortalise. C'est sous cette latitude qu'ont surgi, après des années de top models venus d'Europe de l'Est, les visages les plus photographiés du moment, des « filles de » et « fils de » élevés dans l'ombre des stars d'Hollywood, de la télé-réalité ou du mannequinat. Chaque été, pléthore de marques proposent une minicollection inspirée de l'« esprit côte ouest » à base de shorts en jean et de tee-shirts imprimés d'un palmier. D'autres très prestigieuses viennent trouver tantôt l'aura, tantôt la « coolitude » qui décuplera le souffle médiatique de leur défilé : Saint Laurent, Dior, et, côté américain, Tommy Hilfiger ou Tom Ford. Certaines viennent y dénicher une inspiration plus profonde en déplaçant ou en ouvrant leurs bureaux de création : il y a eu le cas de Saint Laurent à l'ère du designer Hedi Slimane, il y a aujourd'hui celui de & Other Stories, l'une des griffes du géant Suédois H & M, qui a ouvert un troisième studio à Los Angeles, parallèlement à ceux qu'il possédait déjà à Stockholm et à Paris. Histoire que ses équipes puissent humer un air du temps différent, se laisser aller à la douceur de vivre locale, débrider leur imagination dans la majesté unique des paysages, observer l'art et la manière d'une population singulière, s'abreuver à un bouillonnement culturel qui passe par un flot continu de constructions spectaculaires, de *concept stores* atypiques, de galeries d'art, de foires du design, de concerts indés – tout un état d'esprit libre, ensoleillé et arty qui culmine dans la grande messe du festival de Coachella, illustration annuelle mondialement scrutée de la quintessence du style local.

Car, intimement liée à son *lifestyle*, l'esthétique vestimentaire de Los Angeles ou de ses alentours constitue un véritable sujet de fascination, la promesse d'un quotidien plus relax… et je dois avouer que son attrait a, dans mon cas, pesé autant dans la balance que les arguments plus concrets (le boulot, le bilinguisme) ! Mais on n'a pas nécessairement besoin de visa ou d'avion. Dans un article intitulé « The Myth and Magic of California Style » (« Le mythe et la magie du style californien ») publié sur le site Racked, une auteur ayant passé ses premières années sur la côte ouest avant de déménager avec sa famille sur la côte est l'affirme : « Le moyen le plus facile pour vivre la Californie est de la porter sur le dos. »

LA MODE À L.A.

(après New York)

EN CALIFORNIE : 5 750 designers de mode américains

À LOS ANGELES : 4 130

SAN FRANCISCO

QG de Gap Inc.

*Groupe qui chapeaute **Gap**, **Banana Republic** et **Old Navy**.*

La grande école de mode de Los Angeles.

Fashion
Institute *of*
Design *and*
Merchandising

198 000 TICKETS

vendus en quelques heures seulement pour les deux week-ends du festival de Coachella.

Sublissime california girl

La California Girl est un mythe, chanté par les Beach Boys, qui louaient sa peau bronzée, affirmaient qu'ils avaient parcouru le monde entier, vu des tas de filles différentes, et pourtant qu'ils n'avaient qu'une hâte : revenir vers *the cutest girls in the world* (« les plus jolies filles du monde »). Quel plébiscite ! La California Girl est un mythe… mais est-elle une réalité ?

La Parisienne aurait le profil un peu rock, un peu folk et très chic en jean étroit, bottines et trench. La Londonienne serait d'une créativité nettement plus fun et débridée, entre héritières du *swinging* London en jupette et excentriques pour qui tout est permis. La Milanaise jouerait les créatures sophistiquées, à grand renfort de glamour et de touche de fourrure. C'est un fait : chaque fille du monde évoque instantanément une silhouette, un style, un accessoire. Évidemment, la diversité est immense au-delà des images toutes faites. Chaque Parisienne, chaque Londonienne, chaque Milanaise sait afficher sa personnalité bien trempée. Il n'empêche que ces clichés, ces jolis clichés aurais-je envie de dire, illustrent toujours un fond de vérité, un petit quelque chose que l'on retrouve, comme un air de famille… comme une sororité gigantesque !

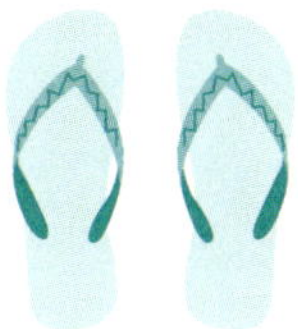

Eh bien, c'est pareil pour la California Girl. On la croise réellement dans toute sa splendeur, en short en jean, tee-shirt *loose* et baskets, les gambettes fines et dorées, les pieds dans le sable et les cheveux au vent, sexy sans avoir l'air d'y penser. Ou alors sur le bitume, dans une grande robe en mousseline fleurie, les poignets et le cou enroulés de bijoux talismans, de plumes, de breloques, cette fois incroyablement classe mais d'une manière toujours aussi insouciante. Rien de contraignant, rien qui n'entrave, rien de (trop) réfléchi, les vêtements ont l'air d'avoir déjà vécu plusieurs vies, et les accessoires semblent avoir été empilés au hasard. Qu'il ait été tonifié ou pas au fitness, qu'il ait été bronzé ou pas au soleil, peu importe, le corps se dévoile sans complexes, en toute innocence, insensible aux enjeux de transparence et aux pans de tissu soulevés par le vent. Les mots d'ordre sont le confort, la décontraction, et une pointe de nonchalance, ce que les Américains décrivent en un mot : *laid-back*, notre équivalent de « relax ». Une notion qui, parce qu'elle témoigne aussi d'une liberté, d'une assurance, d'un affranchissement du regard des autres, doublés d'une certaine positivité, rend la Cali Girl irrésistiblement séduisante, et signifie que dans la panoplie, l'attitude compte au moins autant que le vêtement. Conclusion : on aura beau vivre très très loin sous une météo plombée, sans le moindre grain de sable à l'horizon, on pourra tout de même avoir la *vibe*. *Good news* !

Les must-have de la California Girl :

- Un short en jean, le plus court possible.

- Un tee-shirt *loose*, donc surtout pas trois tailles trop petites, pas moulant, pas en stretch, il peut avoir été piqué à son boy-friend, acheté après un concert, sur un marché, n'importe où, il peut être uni d'une couleur jadis flashy (mais aujourd'hui délavée : un jaune, un violet), blanc ou noir avec un message, un dessin ou à l'effigie d'un groupe…

- L'alternative : le *crop top*, un tee-shirt court qui montre autant que l'on a envie d'en montrer, ça va d'une toute petite parcelle d'abdos à la totalité du ventre. Il est en général de forme un peu carrée, afin de créer un contraste optique plus flatteur, et peut parfaitement consister en un tee-shirt ou un sweat-shirt que l'on a découpé soi-même aux ciseaux (sans coudre d'ourlet. Cool, on a dit).

- Autres possibilité : un haut à bretelles, genre lingerie de nuit portée le jour, ou une blouse folk.

- Aux pieds : des baskets, ou des tongs. Ces dernières régnaient en maître il y a dix ans encore, mais l'invasion du sportswear a remis au premier plan tous les modèles de *slip-on* (sans lacets) de Vans, Converse ou Keds, mais aussi des tennis plus urbaines comme les incontournables Stan Smith et Superstar d'Adidas.

- Une robe en mousseline fleurie, longue, ample, aérienne. Cette réminiscence hippie se porte, cette fois-ci, avec des bottines en cuir ou en daim.

- Ou alors : une toute petite robe elle aussi en mousseline fleurie mais qui arrive ras les fesses.

- Une veste en jean, surtout pas brute, mais délavée, utilisée, élimée – elle a vécu et ça se voit.

- Ou sinon : un gilet très très long, très dégoulinant, dans une maille style macramé, et dans une couleur naturelle comme le beige, le gris ou le marron chiné.

- Des franges. C'est le détail folk qui s'infiltre partout, sur les tee-shirts, les tuniques, les sacs à main, les bottines…

- Du monochrome blanc, écru ou *nude*. Ou de la couleur qui pétille, pas en *total-look*, juste sur une pièce forte. Mais surtout pas de noir, trop *dark*, pas cali.

- Un chapeau, autant pour protéger du soleil que pour parachever la silhouette : une capeline en feutrine noire, chic et mystérieuse, ou un couvre-chef masculin type trilby, fédora ou panama, en feutre ou en paille, plus faciles à porter, néanmoins stylés. Les plus *sporty* choisissent la casquette.

- Des lunettes de soleil, de préférence miroirs, de préférence le modèle Aviator de Ray-Ban, celui que l'on croise le plus près des plages.

- Des bijoux sans spécialement de valeur accumulés les uns avec les autres : des liens tout simples achetés sur les plages, des perles, des plumes, des cornes, des gris-gris…

- Et surtout, surtout, surtout : l'*a-tti-tude* ! Une manière de bouger, légère et sensuelle. Un visage serein et ouvert avec la bouche prête à lancer un sourire ou un « *Hi !* ». Un air frondeur d'avoir envie de faire la fête, de danser, de sauter dans les vagues. Une assurance, sans la moindre arrogance.

Viva Coachella !

Présent sur place toute l'année, le style refleurit chaque mois d'avril dans les pages des magazines internationaux grâce à Coachella, ce festival de musique qui, chaque année, surgit au milieu de nulle part, et qui est passé de confidentiel et indé à « *the place to be and be seen* » (« là où il faut être et être vu »). Grâce à l'énergie bouillonnante de sa programmation, bien sûr. Et grâce à ses milliers de spectatrices pur jus, dont de plus en plus de *it-girls* suivies par les paparazzi, arrivées de toute la Californie. Elles écoutent des concerts, flirtent sur les pelouses, se réunissent entre copines, rient, font la fête, boivent, et surtout elles subliment trois jours durant les codes de la Cali Girl. Les basiques sont là, mais sur un mode plus *show-off* : il faut se démarquer, attraper le maximum de flashs. C'est-à-dire que le tee-shirt troué peut l'avoir été par un designer de renom (plutôt que par des années et des années de machine à laver), les robes vintage provenir de la dernière collection d'une grande griffe (par opposition à la malle de grand-mamie), et le look improvisé avoir été minutieusement planifié. Il n'empêche que cet événement hyper-médiatique reste une mine d'idées et d'inspiration pour le commun des mortelles.

Cali girls… & more !

Il est très facile, lorsque l'on vient habiter à Los Angeles, d'adopter la panoplie de la California Girl, y compris quand on a passé les années précédentes en jean brut et veste à épaulettes. Car, même si le soleil radieux souvent accolé à la région ne brille pas tous les jours, même s'il peut faire tristoune, brumeux, frisquet, parfois terriblement venteux et/ou franchement froid le soir, il y a malgré tout pléthore de belles journées pour s'adonner à ce style universellement attrayant. Enfiler un short, des tongs et se croire en vacances, même si l'on a des kilos de travail, ça aussi, ça aide à entrer dans la *positive attitude*. Et puis, il y a cette raison impalpable, ce feeling, ce sentiment que « c'est dans l'air »…

Pourtant, cette image d'Épinal de la California Girl n'est qu'une facette. Une vision dominante, mais partielle. Rien qu'à Los Angeles, la philosophie est loin d'« un style pour toutes et toutes pour le même style » ! L'allure est propre à chaque quartier, y compris du côté de l'océan : la Cali Girl n'est pas la même selon qu'elle fréquente la communauté hippie de Malibu (caftans, longues jupes colorées qui rasent le sol), celle sportive de Santa Monica (shorts, leggings, hauts de maillots de bain et baskets) ou celle plus urbaine de Venice (jean troué, tee-shirt vintage, veste militaire, souvent un vélo dans une main et un café *latte* dans l'autre pour arpenter Abbot Kinney, artère un jour décrite comme la plus cool du monde grâce à ses magasins de vinyles, de vêtements bio et ses *concept stores* écolo). Le changement est encore plus radical lorsque l'on s'aventure dans le Financial District de Downtown, tout en immeubles de béton, en gratte-ciel vertigineux, un mélange grouillant qui évoque à la fois le Sentier parisien (pour les vendeurs en gros), le Marais (pour les boutiques pointues), le quartier d'Oberkampf (pour les bars et la vie nocturne) et même celui de La Défense (pour les bureaux et les banques), où le soleil est souvent caché par la hauteur des buildings, et où il fait donc en permanence 2 ou 3 degrés de moins. Plusieurs styles s'y croisent : le denim en guise d'uniforme, *skinny* ou *boyfriend*, avec la chemise de bûcheron des hipsters portée par-dessus un tee-shirt ; un goût des vêtements conceptuels, minimalistes et compliqués ; ou encore le *total-look* noir de cow-girl des villes. Aux pieds, les chaussures d'homme (derbys, mocassins) et les sandales Birkenstock tendent à éclipser les baskets, tellement l'idée est de refuser le *mainstream*, le glam', au profit d'une image nettement plus artiste et cérébrale. Silver Lake, où j'habite, vers l'est, est un de ces quartiers qui était encore gangrené par les gangs il n'y a pas si longtemps et qui est aujourd'hui le paradis des branchés. J'adore me poser sur une terrasse de Sunset Boulevard, et observer l'allure du quartier : cette panoplie jean-tee-shirt simple et efficace, symbole du *lifestyle* américain sur les photos de Peter Lindbergh dans les années 1990, mais décalée par les détails d'une héroïne de la Nouvelle Vague *frenchie* (marinière, frange, rouge à lèvres très très rouge).

**UNE PURE CALI GIRL
À SUIVRE SUR INSTAGRAM :**

@rumineely

Son blog, Fashion Toast, fut l'une des premières *success stories* de la blogosphère. Aujourd'hui, c'est sur Instagram que Rumi Neely distille le mieux son style ensoleillé, toujours à base de microshorts et de tops rikikis.

EMPORIO

D'AUTRES CALI GIRLS À SUIVRE SUR INTERNET :

Song of Style

Superstar de la blogosphère, 4,6 millions d'abonnés sur Instagram, Aimee Song n'est pas souvent dans sa maison de Los Angeles, trop occupée à être invitée au premier rang de toutes les Fashion Weeks. Pour nous apprendre à porter la minijupe comme une grande : elle dépote.

Sincerely Jules

Julie Sarinana a 4,5 millions d'abonnés Instagram, elle aussi un emploi du temps bien chargé, et un don inné pour créer des looks masculins-féminins aussi *casuals* que stylés.

The Blond Salad

Chiara Ferragni est l'Italienne basée à Los Angeles qui réussit à être ultra-populaire des deux côtés de l'Atlantique. Sûrement ce mix de chic inouï et de cool.

Thrifts and Threads

Cette « influenceuse » nommée Brittany qui vit à Pasadena sait faire du jean le vêtement le plus mode et le plus versatile sur sa silhouette mi-urbaine mi-bohème.

Cupcakes & Cashmere

Short rétro avec chaussures à petits talons, jupe crayon et sweater moulant, Emily Schuman donne des leçons de féminité sous les palmiers.

Les points communs à toutes les L.A. Girls, quel que soit leur quartier ? L'individualité. La liberté. La créativité. Il y a des tendances, mais pas de jugement. Au contraire, on apprécie la silhouette unique, le détail qui fait la différence – on les complimentera même haut et fort (pour ceux qui ont lu le premier chapitre) ! Bien au-delà des profils types, il y aura toujours cette personnalisation ajoutée par chacune. L'une a la passion des *jumpsuits* (combinaisons-pantalons). Une autre des kimonos portés comme des manteaux. Tout est possible, et toujours dans un rapport décontracté, naturel, décomplexé au vêtement. Chaque tenue semble systématiquement avoir été improvisée le matin, rien ne donne l'impression d'être étrenné, rien ne paraît jamais calculé, trop préparé, trop pensé, même si ça l'a été en réalité. Pour une Française, se vêtir comme une Californienne est une vraie leçon de lâcher-prise. Cet art d'être habillée de manière inspirée mais sans paraître apprêtée… Il faut faire tomber ses résistances inconscientes, celles qui posent des interdits, somment d'ajouter un sac chic, ou au contraire de casser l'allure, d'assortir les couleurs en camaïeux, de ne pas mélanger des styles diamétralement opposés, d'équilibrer le cheap et le chic, tout un tas de diktats auxquels je me suis moi-même soumise, et sur lesquels j'ai écrit plusieurs guides de style… Sacrée épreuve !

LA CALI GIRL VUE PAR LE CINÉMA

Sarah Jessica Parker dans *L.A. Story* (1990) Elle voudrait devenir mannequin et, en attendant, travaille dans une boutique de vêtements, elle sautille partout, habite Venice Beach et tient à se faire appeler SanDeE* (attention à bien respecter l'écriture, étoile comprise), bref elle est un peu écervelée, mais tellement adorable.

Alicia Silvertone dans *Clueless* (1995) Des robes ultracourtes... et des idées à peine plus longues ! Mais cette icône du Beverly Hills des années 1990 dégage un charme tellement irrésistible qu'elle et son film, tous deux librement inspirés de Jane Austen, sont devenus des classiques adulés à L.A.

Phoebe Cates dans *Fast Times at Ridgemont High* (1982) Bien avant *Alerte à Malibu*, elle a fait fantasmer des milliers d'adolescents en sortant d'une piscine dans un maillot de bain rouge. Culte !

Deborah Foreman dans *Valley Girl* (1983) Elle est hyper-snob, car elle habite « la vallée », là où les filles BCBG et les garçons en polo voient d'un très mauvais œil le *bad boy* des mauvais quartiers incarné par Nicolas Cage. Heureusement, ce dernier sait révéler la chouette Cali Girl qui sommeille en elle.

Emma Stone dans *La La Land* (2016) Elle sert des cafés dans un studio de cinéma en rêvant de devenir star à son tour, et tombe amoureuse d'un jazzman passionné... À moins que ce ne soit le spectateur qui tombe amoureux de cette fille espiègle aux robes pimpantes, qui fera de son ego blessé un moteur.

Zooey Deschanel dans *(500) jours ensemble* (2009) Un peu enquiquineuse mais tellement merveilleuse, cette Annie Hall de la côte ouest aime les vieux vinyles et cultive un style rétro délicieux.

Heather Graham dans *Boogie Nights* (1997) Égérie de l'industrie du porno des années 1970 sous le pseudonyme de Rollergirl, elle est tellement mignonne qu'on lui donnerait le bon Dieu sans confession. Ou qu'on lui réclamerait des cours de patin à roulettes.

Julia Roberts dans *Pretty Woman* (1990) Le mètre étalon de la Cali Girl craquante, c'est elle ! Pour info, la boutique dans laquelle elle se fait snober parce qu'elle n'a pas le look de l'emploi résiste vaillamment : elle s'appelle Boulmiche, et se situe à Beverly Hills.

Emma Watson dans *The Bling Ring* (2013), de Sofia Coppola Cette *teen* habillée comme une adulte milliardaire gravite dans un gang de filles qui (l'histoire est vraie) s'est introduit dans les maisons de stars (dont celle de Paris Hilton) pour leur voler fringues de luxe et bijoux.

De la Cali girl… à la « Cala » girl

Il y a une Cali Girl dont il n'a pas encore été question dans ce livre… et ça n'est pourtant pas celle qui passe la plus inaperçue. Lorsque j'écrivais, plus haut, qu'à Los Angeles chaque quartier possède sa propre identité vestimentaire, peut-être avez-vous songé que juste après le look plage, admiré, envié, copié, l'autre style associé à la ville correspond à un quartier mondialement connu : Beverly Hills ! Beverly Hills et ses *Real Housewives*, nom d'un *reality-show* mettant en vedette ces épouses richissimes, le brushing impeccable, la peau tendue, les lèvres et les seins gonflés, le corps moulé dans des robes collantes, addicts au décolleté, au doré, au pailleté, aux couleurs vives et au bling, perchées sur leurs talons aiguilles, bref, à peu près tout le contraire du mythe de la California Girl. Exagérée par la télévision, l'allure se rencontre malgré tout sur les trottoirs de Rodeo Drive ou de Beverly Drive, le long des boutiques de luxe, où il est de coutume de se balader avec une armada de sacs de shopping à la main, en se dirigeant pour une pause-déjeuner ou une manucure bien méritée dans l'une des adresses chics du coin.

Il y a encore peu de temps, aucune fille un peu cool n'aurait songé, en guise d'inspiration, à remplir son Pinterest de photos prises dans les rues de Beverly Hills. Mais ça, c'était jusqu'à la déferlante de quelques nouvelles icônes du cru. D'abord Kim Kardashian, qui a redonné de la chair et du désir aux concepts de *socialite* et de *it-girl*, en perte de vitesse depuis l'époque où les paparazzi suivaient les Paris Hilton, Lindsay Lohan et Britney Spears de *party* en *party* et de séance de shopping en séance de shopping. Son clan familial, au sein duquel on l'a vue émerger, ne résidait pas à Beverly Hills, mais dans un autre « Hills » : Hidden Hills. Peu importe, l'« esprit Beverly » était là. Ensuite, c'est sa propre sœur, Kendall Jenner, rapidement suivie de ses copines, les sœurs Hadid, Gigi et Bella de leurs prénoms, mannequins à la silhouette de rêve et à la carrière boostée par une maîtrise inédite des réseaux sociaux, qui ont remis les trottoirs aseptisés du quartier sur la carte de la mode, tout en faisant passer la Cali Girl à celle que l'on pourrait appeler… la « Cala » Girl. « Cala » pour Calabasas, petit patelin du comté de Los Angeles bourré de verdure, de ruelles labyrinthiques en cul-de-sac et de villas luxueusement démesurées, devenu depuis quelques années le repaire des people poids lourds. Le clan Kardashian y a élu domicile, y compris Kim et son mari, Kanye West, lequel a entériné le nouveau quotient mode du quartier en créant une collection inspirée du « style Calabasas » pour son label Yeezy. Au programme : des sweats

BUGATTI

oversize, des joggings à bandes, des baskets blanches. Car la spécificité locale, c'est un adjuvant de sportswear, de hip-hop et de grosses cylindrées. Si, vu de l'extérieur, la vie à Beverly Hills ressemblait à une sitcom, la vie à Calabasas ressemble à un clip de rap.

Bref, c'est avec un naturel déconcertant que ces *it-girls* 2.0 ont réinventé le *show-off* de leur lignée au filtre d'une énergie contemporaine. L'audience mondiale leur a été d'autant plus réceptive que ces filles ne promeuvent ni le bistouri de leurs mamans ni l'attitude débridée des starlettes qui les ont précédées, mais une notion saine, positive, très californienne, de la beauté et de l'effort : elles passent des heures dans les clubs de gym à sculpter leurs formes, sont plus souvent photographiées avec un jus qu'avec un cupcake à la main, et n'excluent pas une détox numérique de temps à autre. À la vitesse de l'éclair, elles se sont propulsées chefs de file d'une nouvelle esthétique, promue sur leur propre Instagram (puis reprise par tout Internet). Nouvelle esthétique... À vrai dire, la base du look repose sur les codes des années 1990, avec une récupération du sportswear, de ses marques à logo comme Calvin Klein et Tommy Hilfiger, de ses basiques allant du jogging aux baskets ou à la casquette, le tout sur fond d'*athleisure* contemporain. On y voit aussi pas mal d'effluves « chola », subculture latino marquée par ses *bad girls* ultra-lookées. À cela s'ajoutent un bling très pailleté, très doré et hyper-griffé du début des années 2000, puis une bonne dose de créateurs avant-gardistes d'aujourd'hui et de leurs coupes innovantes. Rien qui évoque la plage, la bohème, le soleil : la panoplie se nourrit de références au sport, de modernité *street* et de glamour décomplexé. Affichant une garde-robe pléthorique, semblant changer de style comme de chemise, ces filles réussissent à tester tous les assemblages possibles en restant toujours elles-mêmes et sans jamais avoir l'air déguisées, délivrant une infinité de leçons de mode qui font la joie des médias et des fashionistas. Pas mal.

Les leçons que nous ont apprises les « Cala Girls » en un temps express :

- Porter à toute heure de la journée ce qui relève de l'*athleisure*. À commencer par le *crop top*, parfois tellement rétréci qu'il est en réalité une brassière normalement faite pour le sport. Au passage, le *bralette*, à mi-chemin entre le soutien-gorge et la brassière, entre la lingerie et le sportswear, est devenu un haut parfaitement acceptable sous un blouson ou une veste.

- Faire du legging le nouveau jean. Encore un basique de l'*athleisure*, parfois en version cuir.

- Aduler le jean, soit délavé, soit noir, jamais brut, volontiers déchiré, toujours taille haute et toujours bien souple. Le modèle star plaque bien le ventre et les fesses, moule les cuisses et descend jusqu'à la cheville comme un slim, mais il peut aussi être droit, ou *boyfriend*, ou *mom's jean*, même *bootcut*. En revanche, le jean *skinny* taille basse iconique de la décennie précédente a été définitivement remisé au placard.

- Rester fidèle au denim avec la minijupe en jean, souvent destroy, ses bords volontairement mal découpés aux ciseaux.

- D'une manière générale, aduler la minijupe, portefeuille ou autre. La mettre en concurrence avec la jupe tube en stretch qui peut descendre jusqu'au genou, au mollet ou carrément à la cheville. Des pièces ultra-féminines à porter avec…

- ... des classiques *street* : la veste en jean, le blouson de cuir. Ou bien une pièce forte empruntée au vestiaire masculin : le *bomber*.

- Mais parce que pour des top models, il y a un monde au-delà du *casual*… oser des pièces inattendues, à s'approprier de manière décalée : un tailleur-pantalon, mais ultra-souple, et d'une teinte inhabituelle ; une robe en crochet totalement transparente, portée avec des tennis…

- Bouder les gros imprimés, mais être intraitable quant aux partis pris de couleurs. Kendall Jenner ne craint ni le vert olive ni le beige *nude* en *total-look*, tandis que Bella Hadid adore le noir gothique et le rouge qui détonne.

- Aux pieds, tout est possible, du plat (baskets, mocassins, godillots), du semi-plat (bottines) et du vertigineux (talons aiguilles, cuissardes). C'est selon l'humeur, et selon ce jeu d'équilibre que ces pros de la mode maîtrisent sur le bout des doigts : sport-bling, *street*-classique, masculin-féminin, pointu-basique… Sûrement la clé de cette manière d'être toujours décontractée, même si la robe dévoile trop, même si les talons sont trop hauts.

- Transporter ses affaires dans un sac à dos… ou un sac de dame. Encore cette histoire de contrastes qui fait que l'on est *lady* un jour et *tomboy* un autre, mais le plus souvent un peu des deux en même temps.

- En soirée, faire succéder à la « coolitude » de la journée des choix nettement plus *show-off*, suivant cette idée très américaine selon laquelle il faut sortir le grand jeu (parce que bon, *girl just wanna have fun*) : ultracourt, maxi-décolleté, hyper-moulant, archi-fendu, le tout abondamment saupoudré de transparent, de pailleté, de métallisé, de laqué… Rien ne fait peur à des *party girls* qui foulent les tapis rouges depuis qu'elles sont toutes petites.

- Relayer sur Instagram ses looks, son humeur, ses bandes de copines, son job, ses #goals : tout. Comme le font les incontournables @kendalljenner, @gigihadid et @bellahadid.

kendalljenner

80 M
abonnés

Compte Instagram de Kendall Jenner, la plus populaire des top models californiens d'aujourd'hui. Attention : à mesure que j'avance dans l'écriture de ce livre, le chiffre ne cesse de grossir !

352
Le nombre de jours où j'ai porté un jean l'année dernière.

Khloé Kardashian

32 au 56
Les tailles disponibles dans ma ligne *Good American*.

Des déclarations de Khloé Kardashian, sœur de Kim K. et de Kendall J., dans le numéro d'avril 2017 du magazine In Style.

Elle a créé sa marque de jeans avec l'ambition que toutes les femmes quels que soient leur taille, leur poids, leur silhouette puissent trouver le modèle qui leur correspond. L'accueil a été très chaleureux.

THE WHITE BRIEFS
THE WHITE BRIEFS
THE WHITE BRIEFS
THE WHITE BRIEFS
THE WHITE BRIEFS

CALIFORNIA GUYS

Clairement, le California Guy ne bénéficie pas de la même aura que la California Girl. Au contraire, le Cali Guy aurait plutôt tendance à se voir dénigré, le pauvre homme, taxé d'acteur raté ou de cerveau fondu au soleil… Parfois, je suis en train de déjeuner aux abords d'Hollywood et lorsque je lève le nez de mon assiette, la population masculine autour de moi me semble effectivement droit sortie d'une série télé : tout le monde il est super-beau, tout le monde il est bien propre, tout le monde il est habillé comme il faut et tout le monde il fait un sourire au cas où l'un des clients serait directeur de casting. À l'opposé, il y a le cas abondamment commenté du fondateur de start-up, qui rencontre ses investisseurs en *hoodie* et en claquettes de piscine ! Mais bon, le style, le vrai, avec ce qu'il implique d'individualité et de prise de risque, existe néanmoins, et c'est (comme toujours) du côté des quartiers *trendy* qu'il se trouve. C'est ce beau gosse avec une veste, une chemise, une cravate… et un bermuda, qui se balade du côté de Venice. C'est ce garçon pieds nus dans ses derbys en cuir avec un jean retroussé noir, un tee-shirt noir et un blouson en cuir noir qui entre au Ace Hotel de Downtown. C'est aussi celui en pantalon de jogging cintré, tee-shirt long, *bomber* kaki et baskets blanches qui prend sa voiture pour Calabasas ! Car l'Angeleno a beau être d'une « coolitude » absolue, il n'est est pas moins incroyablement attentif à son style. Il fait beaucoup de shopping, est la proie de nombre de marques et de boutiques qui le bichonnent, et même si l'héritage du courant hipster persiste, et que le combo jean *skinny*-tee-shirt-chemise à carreaux reste de mise, une foule d'options créatives apparaissent tous les jours.

Le Cali Guy expliqué aux nul(le)s :

- Il ne craint pas de « faire style ». En aucun cas il ne cherche à être passe-partout, à s'intégrer au commun des mortels, à dire « Oh, ce vieux truc » ou « J'me suis habillé vite fait ». Il est coquet, et il l'assume. Le but : être regardé, plus qu'être vu.

- Du coup, il a toujours un petit quelque chose en trop, cet accessoire dont Coco Chanel disait, aux femmes, qu'il fallait l'enlever juste avant de sortir de chez soi, mais qui ici forme l'essence de son style. Ce peut être un pull (ou même une chemise) enroulé autour de la taille, une veste posée sur une seule épaule, des bijoux, un foulard, un chapeau, un bonnet. Des choses pas forcément utiles mais qui peaufinent sa dégaine et font qu'il se sent *so special.*

- Indispensables en revanche : ses lunettes de soleil, très souvent le modèle Wayfarer de Ray-Ban, ou des marques plus pointues, comme Oliver Peoples ou Retrosuperfuture.

- S'il est plutôt *street*, il accumule les codes sportswear sans se soucier de coller à la saison. *Hoodie* + premier blouson + *bomber*. Short par-dessus un legging. Sweat XXL par-dessus une chemise par-dessus un tee-shirt.

- S'il est plutôt hipster, il raffole de ce qui relève du folk, de l'amish ou du western : vestes en daim frangées, ponchos, chemises en denim, pulls et gilets en grosse laine, vestons sans manches, gros ceinturons, chapeaux à larges bords, bretelles… Tout cela s'accommode très bien avec des penchants rétro : chemises à motifs voyants, vestes en lin ou en seersucker. Et ce n'est pas non plus contradictoire avec sa nostalgie du grunge des années 1990 : tee-shirt usé ultra-large, grosses chaussures de chantier. Reconnaissons-le, cet homme est le roi du *mix & match*.

- Accro au *skinny*, qu'il roulotte volontiers, il a aussi un faible pour le jean droit bien assoupli par le temps ou le jean ample et abondamment déchiré.

- Il boutonne sa chemise jusqu'au cou. Ou la porte par-dessus un tee-shirt. Tout pour rompre avec le cliché du Californien torse nu en maillot de bain !

- Il ne cherche pas à surjouer la virilité et ne boude ni les pastels, ni le beige *nude*, et encore moins le *total-look* blanc.

- Il ne met jamais de chaussettes.

Il s'affiche ! Pas question de rester caché chez soi ou dans sa voiture quand on a la classe. Du coup, il va s'acheter un *latte*, il travaille sur une terrasse, il donne un rendez-vous… Il sort.

ET POUR MIEUX LE COMPRENDRE EN IMAGES :

Stay Classic

Le blog d'un ex-skateur/membre d'un groupe de metal-punk, devenu l'emblème de ce chic décontracté typiquement californien.

@gregorydava

Blogueur sous le nom de Downtown Dava, *Instagrammer*, il mixe une élégance innée qui ne s'apprend pas à des vêtements simples et bien choisis qui, eux, peuvent parfaitement se copier.

@blakescott_

Hyper chic, ce garçon tiré à quatre épingles, auteur du blog The Scott Effect, rejoue *Mad Men* tous les jours. Même à moto.

CALI QUALITY

Quand on parle de style californien, c'est comme quand on parle de nourriture californienne : il n'y a pas que ce que l'on voit dans l'assiette ! Il y a tout ce qu'il y a derrière : le terroir, le bio, la saisonnalité… Une véritable affaire d'engagement, l'envie d'un monde meilleur, d'une consommation qui ne pollue ni la terre ni l'organisme, une forme de bien-être au présent et au futur que l'on retrouve également au niveau des vêtements. Le choix de la marque, la manière dont une pièce a été produite, le matériau qu'elle utilise, la manière dont ce matériau a été fabriqué, les conditions de travail des employés, le lieu où la chose a été achetée, la transparence du prix… : des critères aussi importants que la provenance d'une botte de carottes, aux yeux d'une population dont la conscience écologique et sociale est à la pointe ! La mode durable et éthique est un sacré créneau, sur lequel de nouvelles marques de niche et start-up se lancent toutes les semaines, du côté des usines de Los Angeles ou des programmeurs de la Silicon Valley. C'est d'ailleurs comme cela, sur une revendication humaniste, qu'a démarré la plus médiatique de ces alternatives au *mass-market* : American Apparel. Les Californiens l'ont vénérée… jusqu'à ses scandales, sa débâcle et la fermeture de tous ses magasins, en 2017. Difficile de ne pas ressentir une certaine tristesse aujourd'hui lorsque l'on passe devant les gigantesques usines Downtown, jadis symboles de la réussite d'une utopie qui (dans le discours au moins) mêlait mode ultra-pointue, conditions de travail décentes et fierté californienne.

Difficile de dire qu'en Californie il y a un Zara ou un H & M à chaque coin de rue, comme on peut le dire pour New York ou les grandes métropoles françaises. Pour preuve, dans une ville comme San Francisco, il n'y a qu'un Zara et (quand même) trois H & M. Il n'y a pas non plus un géant local comme Gap ou J. Crew systématiquement à portée de pied. Ainsi, les rues commerçantes se suivent et ne se ressemblent pas forcément. À Los Angeles, proportionnellement à la taille de la ville, la *fast-fashion* est peu présente, elle domine dans les grands *malls*, s'invite sur quelques grandes artères de shopping, mais les boutiques indépendantes, les minichaînes et les empires locaux conservent une importance prépondérante. Cela n'empêche pas les *teens*, comme n'importe quels autres jeunes Américains, de s'adonner à leur occupation favorite le week-end : se rendre au centre commercial avec les copains et écumer les Urban Outfitters, les Forever 21, les Topshop, les Brandy Melville et les Claire's. Un rendez-vous qui est une véritable institution, offrant à cette population la liberté qu'elle n'a pas toujours dans une ville où elle est dépendante de la voiture de papa-maman. Pendant ce temps, ces derniers ont en tête des critères de qualité plus élevés, compilent des articles du type « Les marques qui ne sont pas de la *fast-fashion* tout en étant tendance » ou « Des alternatives éthiques à la *fast-fashion* »… mais font ce qui se fait dans n'importe quelle ville de mode : ils mélangent.

James Perse

Plusieurs adresses, dont
357 North Canon Dr.
(Beverly Hills),
1128 Highland Av.
(Hollywood) et 2028
Fillmore St. (San Francisco)

www.jamesperse.com

Phillip Lim

734 East 3rd Street
(Downtown Los Angeles)

www.31philliplim.com

Choisir un vêtement « California correct » :

- La fibre doit être naturelle (coton, lin, chanvre, Lyocell, bambou, cuir végétal pour les plus engagés) ou recyclée de tissus existants.

- Le tissu se doit d'être doux et souple, condition d'une de ces silhouettes relâchées qui ne contraignent pas le corps. Même pour les jeans : la marque californienne A.G. Goldschmied a bâti sa réputation sur des denims tout doux, incroyablement confortables. Le tissu doit également être fin : on préfère accumuler plusieurs couches de vêtements plutôt que de sortir un gros manteau.

Clare V.

Plusieurs adresses, dont 3339 West Sunset Boulevard (Silver Lake) / www.clarev.com

- Plus compliqué : le vêtement doit être écologique et éthique. Matière première cultivée sans produits chimiques et issue du commerce équitable. Absence de teintures et autres traitements polluants, nocifs pour les travailleurs comme pour l'environnement. Pas d'assemblage dans des *sweatshops* qui exploitent la misère ou le travail des enfants…

- Et s'il est *made in Los Angeles*, c'est encore mieux ! Ce label est aussi respecté que le *made in France* et concerne particulièrement les jeans, les marques les plus en vue (J Brand, Current/Elliott, Hudson Jeans, Citizens of Humanity, 7 For All Mankind, Joe's Jeans, True Religion) fabriquant tout ou partie sur place.

- Son prix doit être « juste », c'est-à-dire ni trop bas, cause de conditions de production indécentes, ni trop haut, pollué par le coût des campagnes marketing, des boutiques extravagantes ou des marges insensées.

- Afin de garantir tout cela… la marque doit pratiquer la transparence : transparence au niveau du *sourcing*, transparence au niveau du coût de revient. Celle qui a construit sa réussite sur ce créneau, c'est Everlane, native de San Francisco, dont le slogan est : « *Modern Basics. Radical Transparency* ». Son site montre la carte (et les photos, façon reportage) de tous ses fabricants à Los Angeles, à San Francisco, mais aussi à Dongguan – en Chine –, à Hô Chi Minh City – au Vietnam –, à Hawick – en Grande-Bretagne –, ou à Vicenza – en Italie. Chaque fiche produit est accompagnée d'un schéma détaillant le coût de chaque poste : le matériau, le travail de couture, le transport… histoire que le consommateur puisse comprendre où va son argent.

- Le vêtement doit avoir été acheté dans une boutique indépendante, soit celle de la marque, soit un magasin multimarque au travers duquel le vendeur exprime son engagement, et peut expliquer au client la démarche de chaque griffe.

- Ou alors, avoir été commandé en ligne ! C'est le nouveau canal de distribution privilégié des marques engagées, Everlane en tête (www.everlane.com), car il permet à la fois de réduire les frais de fonctionnement, et de communiquer sa philosophie au travers du fameux *storytelling*.

H&M

3 000 m²

Surface en mètres carrés du plus grand H & M de Los Angeles… contre presque 6 000 pour celui de New York et 6 500 pour celui de Londres.

6 boutiques ZARA

à Los Angeles, une par quartier incontournable : Hollywood, Beverly Hills, Santa Monica, Downtown, Glendale, Pasadena.

ZARA

JAMES PERSE

21 boutiques et points de vente James Perse en Californie.

La marque de ce designer est l'une des success stories de Los Angeles : des basiques au design épuré, taillés dans des matériaux doux et premium, cocons qui subliment le homewear et le sportswear.

LA MODE À LOS ANGELES

Phillip Lim

RODARTE

2005

Année de création de Rodarte par les sœurs Mulleavy, au penchant pour la dentelle gothique, ainsi que de Phillip Lim par le créateur du même nom, au style à la fois raffiné et facile. Les deux marques sont les emblèmes du luxe made in L.A.

La Tropézienne

Nom du best-seller de Clare V., la marque de maroquinerie adorée à Silver Lake, où elle a démarré. Ce sac shopping est en cuir d'Italie, teint à la main avec une coloration végétale.

ANINE BING

8 boutiques Anine Bing dans le monde,

dont Paris, Londres, Berlin, Madrid, New York ou Los Angeles. Lancée en 2012 dans Downtown L.A., cette griffe au style rock décontracté s'est envolée grâce à l'Instagram de la créatrice, ex-mannequin, et a tout de suite rencontré l'adhésion des blogueuses. www.aninebing.com

VINTAGE ADDICTS

Un monde dans lequel triompherait un mode de production aussi bienveillant avec la planète qu'avec l'homme : tel est le désir en Californie, très actuel, né d'une actualité anxiogène. Mais il flotte aussi dans la région, et cela de nettement plus longue date, le rêve d'une autre forme de consommation. Les premiers hippies l'ont exprimé dans les années 1960, via un rejet du consumérisme, du matérialisme, de l'industrialisation. C'était ça, le bonheur à la californienne, avant la vague du yoga, des jus détox. L'utopie s'est diluée, il en reste surtout aujourd'hui… la frénésie du vintage.

La fripe, la seconde main, le recyclé forment une tendance de fond. C'est drôle : en faisant une recherche sur Internet afin de dégoter des infos qui m'auraient échappé, je tombe sur un article de *M, le magazine du Monde*, qui titrait en 2015 « Los Angeles s'habille vintage ». Le journaliste y parle surtout de ce vintage de luxe représenté par quelques boutiques qui vendent aux riches et célèbres (ainsi qu'à leurs stylistes, et à des costumiers de cinéma) des modèles de grands couturiers, comme le mythique Decades, fondé par Cameron Silver, un homme aussi star que celles qu'il a habillées : Renee Zellweger en Jean Dessès des années 1950, Julia Roberts en robe Valentino de 1982, Chloe Sevigny ou Jessica Chastain en vintage YSL… Entre les impératifs de représentation du gotha d'Hollywood et les collectionneuses au budget à peu

Decades

8214 Melrose Avenue
(West Hollywood)

decadesinc.com

Crossroads Trading Co.

Plusieurs adresses, dont 7409 Melrose Av. (Hollywood), 4470 Sunset Bd (Los Feliz) et 2123 Market Street (San Francisco)

https://crossroadstrading.com

près illimité, c'est sûr qu'il y a un marché pour ces pièces d'exception.

Mais il y a aussi, tout simplement, n'importe quelle fille ou n'importe quel garçon qui s'adonne à une frange abordable du vêtement de seconde main. Ce peut être un acte de rébellion face à la surproduction et à la surconsommation. Ou pour faire des bonnes affaires, pour pouvoir acheter plus, pour le challenge que représente cette chasse au trésor, et l'excitation d'avoir déniché la pépite, pour dégoter un vrai tee-shirt AC/DC d'époque plutôt qu'une réédition mercantile, pour fouiller des heures sur les portants, pour que les vêtements aient une âme, qu'ils soient usés par le vécu de leur propriétaire plutôt que par des traitements polluants, pour ne pas être habillé comme son voisin, pour se peaufiner un look rétro… Les raisons sont infinies. Leur multiplicité implique différents types de magasins : ceux qui ne vendent que quelques belles pièces triées, *curated* (mot à la mode) et un peu chères. Ceux qui regorgent de fripes, des caisses entières de jeans, de bandanas, de chemises indatables. Ceux qui se spécialisent dans les années 1930 à 1970-1980, et sont spécialement recherchés de la part des Bettie Page en herbe. Ou ceux qui alignent des kilomètres et des kilomètres de vêtements plutôt récents, du créateur comme de la *fast-fashion* ou du *no label*, du chic et du cheap, du beau et du moche, telle cette chaîne de dépôts-ventes nommée Crossroads Trading Co., que j'ai découverte sur place et à laquelle, comme beaucoup de Françaises exilées, je suis devenue accro. Mon rêve à moi serait que le concept soit exporté en France : les clients viennent déposer les affaires en bon état dont ils ne veulent plus, la boutique les leur achète cash, et comme son intérêt est d'écouler ses stocks le plus vite possible, elle les revend à des prix défiant toute concurrence (elle ne les a pas payés très chers non plus, mais si on entre dans la boucle, qu'on achète sur place, puis qu'on revend… on s'y retrouve. « *Sell. Shop. Repeat* » est d'ailleurs la maxime inscrite sur les façades). À condition de fouiller méticuleusement dans des rayons surchargés, ça devient le paradis de la robe Marc Jacobs à 30 dollars ou du pull Banana Republic à 20. Les clients sont surtout… des clientes, des fashionistas en quête des tendances de la saison ou de la pièce qu'elles ne verront sur nulle autre.

Pratiquer le vintage comme à Los Angeles :

- Écumer les boutiques de vintage et les brocantes pour débusquer les trésors de grand-mamie, manteau en fourrure, foulard en soie, robe en dentelle, broche ancienne, et se croire au Rose Bowl Flea Market, les puces de Pasadena, qui se tiennent un dimanche par mois. Intégrer ses trouvailles à sa panoplie habituelle pour l'anoblir juste ce qu'il faut.

- Trouver un dépôt-vente pas trop cher, vendre, acheter, faire les bonnes affaires qui permettront à son style d'évoluer tout en obligeant à un tri régulier dans ses placards. L'armoire essentielle, le minimalisme ambiant, les préceptes de la Japonaise Marie Kondo sont en vogue partout dans le monde !

- Oser la robe pur vintage : à pois et ceinturée comme celle d'une ménagère *fifties*, longue et fleurie comme le romantisme champêtre des *seventies*… Contrebalancer avec des accessoires sobres pour la rendre intemporelle. Afin d'exercer son œil aux belles pièces, on peut se rendre sur le site de The Way We Wore, vénérable boutique qui a su, mieux qu'aucune autre, montrer que l'ancien pouvait aussi être moderne.

- Traquer la pièce la plus *easy* et la plus Cali du vintage : le tee-shirt, 100 % coton évidemment, assoupli par des années et des années de lavages en machine, et surtout authentique, avec ses visuels de groupes passionnément aimés par les générations précédentes, ses vieilles publicités pour une « Sunny California » sur fond de mer et de palmiers…

- Devenir entrepreneuse et faire comme Yael Aflalo, créatrice de la marque Reformation, adoptée par toutes les people en vogue. « *We make killer clothes that don't kill the environment* » (« Nous fabriquons des vêtements à tuer qui ne tuent pas l'environnement ») : chacune de ses pièces est fabriquée à partir de vêtements préexistants ou de tissus recyclés, passés à la moulinette d'un design contemporain mais avec un je-ne-sais-quoi d'unique.

Rose Bowl Flea Market

1001 Rose Bowl Drive (Pasadena) /

www.rosebowlstadium.com

The Way We Wore

334 South La Brea Avenue (Hollywood) /

https://thewaywewore.com

Reformation

8253 Melrose Avenue (West Hollywood) et 914 Valencia Street (San Francisco) /

www.thereformation.com

LE BON PLAN LOCAL : LES « SAMPLE SALES »

Elles ne datent pas d'hier, ont été salutaires durant la Grande Dépression, et aujourd'hui, peut-être est-ce parce que les médias se plaisent à nous rappeler que c'est la criiiiise, elles sont plus populaires que jamais : les *sample sales*. Des ventes flashs organisées par une marque sur une journée ou deux, souvent le week-end, afin d'écouler ses stocks, avec des réductions qui peuvent aller d'un sage – 50 % à un phénoménal – 90 %. Il n'y a pas de calendrier officiel, c'est au petit bonheur la chance, et énormément de marques s'y adonnent, surtout les petites griffes de niche. Les Américains raffolant des bonnes affaires quel que soit l'état de leur compte en banque, n'ayant pas peur de se retrouver dans une foule compacte, puisque c'est l'occasion de faire du *chit-chat* et des rencontres, ils scrutent les annonces de *sample sale* sur leur média préféré. Personnellement, ce sont les sites Racked (pour tout le pays) et Uncover (pour l'édition de L.A.) qui m'informent sur ces bons plans.

LE « DRESS-COOL » CALIFORNIEN : COMMENT S'Y METTRE

Oublier la French Girl rigide qui domine et embrasser sa Cali intérieure. Accepter que l'allure ne soit pas réfléchie, voire qu'elle soit... parfaitement imparfaite ! C'est très reposant, surtout le matin.

Ne pas chercher à être raccord. Au contraire, jouer les contrastes et équilibrer en mélangeant, sans trop s'en soucier, ses pièces classiques avec des détails *street*, une jupe ultra-féminine avec un pardessus masculin...

Être bien dans sa peau et dans ses vêtements. Relax. Souriante.

Pour cela, ne pas contraindre son corps (ni son cerveau) avec des choses rigides ou peu agréables : privilégier le tout doux, le tout mou, les tee-shirts et les sweat-shirts usés, les jeans qui ont vécu, la robe qui s'envole.

Nourrir son armoire de quelques pièces incontournables : le short en jean, le *crop top*, la robe fleurie. Trop froid ? Même en Californie, les jours frais, le short se porte avec un collant opaque, le *crop* avec un tee-shirt qui ressort par-dessous, la robe avec un long gilet...

Peaufiner la silhouette avec des accessoires qui ont l'air d'avoir été achetés sur une plage ou à l'autre bout du monde. Les additionner sans y penser.

Pour les hommes : se trouver un style et le cultiver, dans un mélange de *cool attitude* et d'attention aux détails.

Si on en a envie, faire vibrer sa communauté en postant sur les réseaux sociaux.

Acheter éthique, durable, auprès de marques qui incarnent des valeurs positives.

Ou alors acheter vintage, recyclé, d'occase, et en tirer un supplément de *Cali style*.

CHAPITRE 5

Feel beautiful

UNE BEAUTÉ NATURELLE BOOSTÉE PAR LE SOLEIL

D'un côté, des California Girls le teint illuminé par juste ce qu'il faut de soleil, les joues rosies par le sport et le grand air, les cheveux aux mèches naturellement délavées laissés en liberté… De l'autre, des tendances aussi extrêmes que le *contouring* (manière de sculpter le visage en multipliant les nuances et les couches de fond de teint), des volumes gonflés par le séchoir à cheveux, des boucles maintenues à grand renfort de laque, des lèvres gonflées par la mode des *plumpers* (des ventouses qui aspirent les lèvres pour les rendre plus gonflées)… La beauté californienne est infusée par deux grands mouvements contradictoires. L'un est issue de la *beach culture* et de la tradition d'une *cool attitude*, dans lesquelles la forme et la santé comptent plus que l'apparat – une philosophie relayée ces dernières années par une méfiance envers l'industrie de la cosmétique et une quête de naturel toujours plus exigeante. L'autre vient de l'influence des stars du cinéma, de la télé-réalité, de la mode, qui ont pour elles une armada de maquilleurs magiciens, de coiffeurs en vogue et de dermatologues béton qui les subliment à chaque apparition sur tapis rouge, mais également dans leur vie quotidienne, diffusant l'idée selon laquelle la Californienne est toujours impeccable.

Le marché de la cosmétique est énorme en Californie, on trouve des Sephora un peu partout, des manucures à chaque coin de rue, certaines vieillottes et bon marché, d'autres sur la vague du *trendy* qui a un prix, des coiffeurs et (on en reparlera) des « sécheurs », des spas dans les hôtels de luxe tout comme dans les

sources chaudes de Koreatown, et des boutiques spécialisées qui, de Kiehl's à Kiko Milano, trustent les quartiers en vue. Les *concept stores*, les boutiques de vêtements se fendent bien souvent d'un *beauty corner* dans lequel « shopper » un spray d'Herbivore, griffe naturelle née dans une cuisine de Seattle, la laque Ouai, inventée par la coiffeuse des Kardashian, ou le gloss de Blossom, dont le tube transparent est rempli des fleurs de la Californie. La plupart des drugstores, ces commerces de proximité dans lesquels on ne vient pas faire provision de légumes mais plutôt acheter un paquet de chips ou une bouteille d'eau, ont rénové leurs rayons beauté afin d'accueillir, sous une lumière qui met en valeur la *beautysta*, plus de marques, y compris de niche, y compris écologiques, y compris *frenchies* (la France, un vrai label de qualité, qui rend particulièrement désirables tous nos dermato-cosmétiques). Et après que les décennies 1970 à 1990 ont vu se créer des marques de maquillage aux palettes et à la communication extravagantes, d'Anastasia Beverly Hills à Urban Decay en passant par Benefit, l'engouement pour le naturel et le bio a permis l'émergence d'une foule de noms qui promettent des crèmes *safe*, sans vilains produits chimiques, non allergéniques et tutti quanti. La championne : Jessica Alba, qui est partie d'une question que se posent toutes les jeunes mamans, « Qu'est-ce qu'il y a dans les produits que j'utilise pour mon bébé ? », et en a tiré Honest, une ligne de couches, de lait infantile, mais aussi de crèmes, de savons, de shampoings, de lessives pour toute la famille. Pendant ce temps, Gwyneth Paltrow transformait sa newsletter hebdomadaire d'astuces de star hollywoodienne (recettes de cuisine, conseils de beauté, idées de style, exercices de sport, suggestions de voyages) parfois un brin perchées en une vraie marque de cosmétiques, de suppléments alimentaires, de parfums et de vêtements, y ajoutant ensuite un magazine papier.

Mais dans son ensemble, c'est tout le marché cosmétique américain qui connaît une progression constante depuis plusieurs années, et ne prévoit pas de s'arrêter. Car, pour revenir à la Californie, de San Francisco à San Diego, son emprise touche même les adeptes du *no make-up*, les récessionnistes de la cosmétique et les disciples du *do-it-yourself*! Elles n'investiront simplement pas dans les mêmes produits ou services, mais en aucun cas, foi de Cali Girl d'adoption, ne se laisseront aller sans la dose d'illuminateur qui mime l'« effet peau nue », la crème multitâche efficace pour tout, ou bien les huiles essentielles grâce auxquelles elles fabriqueront leurs potions. Même si la beauté n'est pas la clé du bonheur, elle est en tout cas, pour elles, un instrument du bien-être.

Face à la Cali Girl tellement naturelle et tellement craquante et la Holly(wood) Girl tellement parfaite et tellement fascinante, c'est sans trop de schizophrénie que les articles, les posts, les tutos du monde entier traquent, décryptent, conseillent, explicitent les principes de la beauté californienne. Car hormis quelques cas iconiques du self-control permanent, le fait est que, chez les superstars comme chez le commun des mortelles, les deux idéaux coexistent, celui de la brindille *sun-kissed*, et celui de la créature sophistiquée. Prenons au hasard non pas ma voisine, mais Jennifer Aniston. Une infinité de mots ont été écrits pour relater sa routine beauté. Ce qui en ressort ? Qu'elle est la quintessence de la fille pas enquiquinante qui se laisse tranquillement dorer au bord de la piscine… mais aussi celle de l'actrice *control freak* qui passe sous la douche autobronzante avant un événement. Que son visage, qui refuse catégoriquement la dernière tendance de fard à paupières ou de rouge femme fatale, travaille son apparence nature avec le fond de teint qui empêche de briller, le mascara qui met le regard en valeur et le gloss qui souligne les lèvres. Qu'elle prend des douches de trois minutes pour économiser l'eau… et boit des litres de la marque d'eau minérale dont elle est l'égérie. Ou encore que sa coiffure à la simplicité enviable nécessite juste un bon coiffeur, un bon brushing et de bons produits, ce qui ne l'empêche pas, quand son *hairstylist* lui fait une queue-de-cheval, qu'« elle tire toujours quelques mèches » afin de ne pas faire coincé (une confession de l'intéressé, Chris McMillan). Nature, mais pas trop, star, mais pas trop.

Et le plus intéressant, c'est le Dr Will Kirby, alias « le Dermatologue des stars », qui l'indique : « Sa qualité de peau, c'est la première impression que l'on donne. À Los Angeles, les gens ont une peau magnifique, mais si vous avez les bonnes infos, vous pouvez avoir une peau magnifique où que vous viviez. »

62 MILLIARDS DE DOLLARS

Revenu généré par le marché de la beauté aux États-Unis en 2016. Une augmentation constante depuis 2004 et ses 41 milliards.

Naissance de Benefit à San Francisco, marque de make-up devenue culte grâce (notamment) à ses packagings rétro rigolos.

1976

88

Nombre de couleurs pour l'Extra Creamy Round Lipstick, l'un des best-sellers de la marque NYX Cosmetics, créée en 1999 à Los Angeles.

+ 126 %

L'augmentation des revenus de la marque Dr. Bronner entre 2011 et 2015. Ses savons liquides naturels et multi-usages sont cultes dans tous les États-Unis, et notamment en Californie, d'où ils sont issus.

500

Nombre d'employés de Honest, la ligne de produits eco-friendly fondée en 2008 par l'actrice Jessica Alba

Montant en dollars du Revitalizind Day Moisturizer, la crème de jour vendue sous le label Goop, bébé de Gwyneth Paltrow.

goop

100 $

PLUS DE 13 MILLIONS

Nombre d'abonnés à l'Instagram @kyliecosmetics, lancé en 2016 par Kylie Jenner après le hit spectaculaire de son lip kit.

Nombre de **Drybar** *à Los Angeles (60 dans tout le pays). Cette chaîne fondée en 2008 à Brentwood, en Californie, ne pratique que des séchages – d'où son nom, dry = « sec ».*

HERBIVORE

L'ART DU VRAI-FAUX

On l'a dit et répété : dans sa mythologie, la California Girl arrive directement des vagues et de sa planche de surf, elle n'est pas apprêtée, pas maquillée, mais quand même sublime. Miracle des gènes et du soleil ? Euh… D'abord, la Californie est ce joyeux melting-pot auquel aucun mur ne mettra jamais fin, ce qui signifie que ses habitantes ont hérité de mille et une conceptions de la beauté ; et, ensuite, le soleil est peut-être synonyme d'insouciance, d'humeur vitaminée et de peau dorée, mais aussi de perte d'élasticité, de rides, de taches brunes, sans parler de cancer, ce que sait n'importe quelle fille de Silver Lake à Santa Monica. La vérité est donc ailleurs, et cette vérité, c'est que la Cali Girl est comme tout le monde, elle fait ce qu'elle peut avec ce qu'elle a, et pour ce qui est du reste… elle triche. Ou disons, elle s'arrange. *Beauty addict* assumée, consommatrice de produits, en boutique ou *home-made*, celle qui le week-end accepte sans ciller de se retrouver dans une boutique bondée et de faire la queue pendant vingt minutes pour son produit miracle a sa manière bien à elle de se chouchouter, de se protéger, de se sublimer. Sans jamais se transformer, en restant fidèle à qui elle est.

Les principes de la beauté californienne :

- La base, c'est… l'hydratation. Bien avant de songer au make-up qui corrigera, la Californienne pense au spray, au sérum, à la crème (les trois si elle est une *beautysta* certifiée) qui rendront la peau naturellement belle et fraîche. Il faut dire que l'air est souvent d'une sécheresse à couper à la serpe, ce que les Françaises ressentent par un besoin, les premiers mois, de doubler leur dose habituelle de crème. Un visage bien hydraté, ça n'est pas seulement une absence de tiraillements, c'est un épiderme en bonne santé, souple, velouté, rebondi, qui n'a pas besoin d'une tartine de fond de teint pour corriger le tir. Inutile de dire que c'est une étape encore plus essentielle que le maquillage, en Californie ou ailleurs.

- Une obsession locale : réduire les pores. Les Américains ont une peur panique de leurs pores, les boutiques regorgent de produits aux intitulés comme « Pores No More ». Pour Sonya Dakar, spécialiste qui traite depuis 1971 le tout-Beverly Hills et a une gamme à son nom, le diamètre des pores s'élargit lorsque la peau étouffe sous la saleté et les bactéries dues à un mauvais nettoyage et accumule un excédent de sébum. Elle conseille, en plus de se démaquiller religieusement chaque soir, de décongestionner chaque semaine à la maison avec un exfoliant doux (pour éclaircir) suivi d'un masque à l'argile (pour matifier).

- C'est tout ? C'est tout. Christie Kidd, la dermato de Kendall et Kylie Jenner, jure par le mantra « *Less is more* » (que ses clientes n'appliquent pas forcément, mais c'est une autre histoire). Utiliser le moins possible de produits possibles. Mais aussi, utiliser les produits les plus simples possible. Elle déteste les formules tout-en-un qui font tout n'importe comment, particulièrement les crèmes hydratantes teintées, sa bête noire, qui selon elle donnent de l'acné.

- Est-ce parce qu'elle n'a été que trop témoin des excès de la chirurgie esthétique ? La Cali Girl a à cœur d'agir contre les rides via les cosmétiques plutôt que le bistouri. Le collagène, l'acide hyaluronique et la vitamine C sont ses stars à elle, au programme de nombreuses crèmes, mais aussi de toniques et de nettoyants pour le visage. Dermatologue à Los Angeles, Jessica Wu prône les rétinoïdes et le rétinol, qui stimulent le renouvellement cellulaire et la production de collagène, et conseille de s'y mettre dès la trentaine, sans attendre de voir surgir sa ride du lion !

- Le joker des spas : les soins à l'oxygène, qui utilisent l'oxygène hyperbare (à une pression très élevée) pour propulser au plus profond de la peau un sérum à base d'acide hyaluronique, de vitamines essentielles, d'antioxydants. Ce traitement très prisé a la réputation d'hydrater, de repulper, de revitaliser.

L'avantage de la Californie, c'est souvent le soleil, l'inconvénient de la Californie… c'est souvent le soleil. Les dermatos locaux enjoignent de se couvrir de crème solaire même quand il y a des nuages, même quand on ne sort pas de la maison, ce qui a le don de faire bondir les professionnels français, rétifs à cette invasion du SPF et de ses filtres chimiques, qui, chez nous aussi, se répandent sur les sérums de jour, les fonds de teint, les blushs ou même les rouges à lèvres. Que faut-il en penser ? Les spécialistes s'affrontent, certains prônant une protection maximale contre le vieillissement cutané prématuré et les risques de cancers dus aux UVA et UVB, d'autres pointant qu'un indice de protection contenu dans un blush est un leurre, car il faudrait s'en administrer de larges épaisseurs pour que cela présente une quelconque utilité. Ils arguent aussi que la peau possède des réserves pour se défendre elle-même contre une lumière normale, et que le soleil est ce qui permet au corps de synthétiser la vitamine D, laquelle est antivirale, booste l'immunité, réduit les risques cardio-vasculaires… et peut-être même les cancers. À condition de s'exposer intelligemment. La Cali Girl en tout cas se protège un max et, cocorico, sa préférence va à La Roche-Posay et sa gamme Anthelios.

Le teint caramel est donc bien souvent… truqué ! Au choix, l'autobronzant, qui a le mérite de durer plus qu'une journée, ou l'indispensable de n'importe quel vanity en Californie : la poudre bronzante, dite *bronzer*, avec l'accent s'il vous plaît, qui existe dans une infinité de marques américaines (et est surtout associée chez nous au Terracotta de Guerlain). La Cali Girl l'utilise rarement sur la totalité du visage : si son teint au naturel manque de lumière, elle applique une crème illuminatrice, et ensuite seulement appose sa poudre sur les joues, le front et le menton.

Et le corps ? Pareil ! Il existe une catégorie de professionnels moins connus mais pas moins essentiels que les « maquilleurs de stars » ou « coiffeurs de stars » : les « bronzeurs de stars ». Ou *celebrity spray tan artist* pour faire plus joli. Jenni Blafer en fait partie, et elle a plusieurs conseils pour tirer le maximum de son spray autobronzant (en version douche dans un institut pour les clients célèbres, en version bouteille à la maison pour les autres) : bien exfolier afin de débarrasser la peau des cellules mortes, du sébum et des impuretés qui viendraient brouiller le bronzage ; éviter les longues douches et les trempettes dans le Jacuzzi afin de préserver son doré ; et boire beaucoup d'eau, car une peau hydratée garantit un bronzage lumineux qui s'estompe de manière uniforme.

Un brin d'anticernes, d'illuminateur, de mascara, de blush, de baume à lèvres : le maquillage n'est là que pour peaufiner, en touches, pas pour ajouter une paupière bleue. Sauf… le soir. Une sortie typique inclut de sublimer la peau déjà *glowy* avec un illuminateur et un *bronzer* aux couleurs moins terreuses et plus dorées, ou alors de carrément jouer le grand jeu du *contouring*. Puis, de travailler le regard au crayon liquide pour obtenir un trait épais et sexy, quelque part entre l'œil de biche et le *smoky eye*. Le détail qui fait la L.A. Girl : des cils longs et épais, grâce à un mascara du tonnerre ou (mieux) à l'aide de faux cils. La touche finale, c'est un rouge à lèvres crémeux, un peu poudré, qui fait les lèvres charnues, très apprécié en rose pâle, ou alors carrément en rouge intense. Le résultat est un quelque peu *sixties* et en même temps moderne.

Habitée par le naturel, fût-il travaillé, la population californienne a la réputation de ne guère apprécier les parfums et de détester les sprays. L'arrivée des concrètes puis celle, plus massive, des *roll-ons* l'a réconciliée avec les jus, de même qu'une vague de fragrances *green* utilisant des ingrédients naturels et dégageant des effluves de nature florissante. Des boutiques pointues ouvrent dans les quartiers branchés. Bref, les mentalités évoluent, même si se parfumer n'est pas (encore) considéré comme ce geste indispensable qui achève le rituel de beauté.

LES BLOGS POUR EN SAVOIR PLUS :

The Beauty Department

Un blog et un Instagram créés par trois copines dont la moindre photo (épurée, inspirante, zen) a tout de l'« esprit Cali ».

Beauty Banter

Encore l'« esprit Cali »… mais sur le versant Hollywood, fun, provoc', bling, coloré.

Gal Meets Glam

De la beauté, mais aussi de la mode, de la déco, par la jolie Julia Engel, qui a un goût parfait et plus d'un million d'abonnés à son compte Instagram.

L.A. GIRL, LA NOUVELLE FRENCH GIRL ?

« *Why L.A. Girls are the new French Girls* » : « Pourquoi la L.A. Girl est la nouvelle French Girl »... C'est le titre d'un post publié sur le blog de make-up de L'Oréal. Si l'article a vocation à faire acheter les produits de la marque, il exprime un constat d'une manière éloquente : l'aura phénoménale dont jouit actuellement la beauté californienne. Et la manière dont la Cali Girl s'est appropriée des qualités ordinairement attribuées à la French Girl, comme cette illusion d'une peau toujours désirable, de cheveux au coiffé-décoiffé parfait y compris au réveil ou d'une bouche qui donne envie d'être embrassée... en les transposant sous ses latitudes. La peau n'est donc plus diaphane, mais ensoleillée. Les cheveux non pas emmêlés par l'oreiller, mais gonflés par le vent marin. Et la bouche accro au baume brillant plutôt qu'au rouge mat. Après des années de L.A. Girls imitant la French Girl, il semble que l'heure de la revanche ait sonné !

NICE GUYS

Le Californien étant hyper-attentif à son style vestimentaire, on se doute qu'il l'est également à sa beauté. Consommateur décomplexé de toniques et de crèmes hydratantes, cet adepte du *grooming* a même une marque à son nom : la pionnière Baxter of California, créée en 1965 autour de Super Shape, un hydratant révolutionnaire qui protégeait les peaux masculines du soleil et de la mer, et a depuis été réinventé en anti-âge. Il raffole de tous ces produits qui imitent l'« effet plage » : les éclaircissants, pour des mèches blondes de surfeur plus vraies que nature, et qui s'activent… grâce au séchoir à cheveux ; les sprays texturisants, pour l'illusion d'une crinière encore gorgée de l'eau salée des vagues. Surtout, le Cali Guy chouchoute sa barbe. Il est rarement imberbe et tire un style signature de son piquant de trois jours/de sa moustache-barbiche/de son collier fourni. Culte du vintage aidant, dans la mode, dans la déco, le rasoir mécanique est un must dans les salles de bains, et les barbiers installent leurs fauteuils traditionnels et leur univers rétro dans tous les quartiers hipsters.

Il y a par ailleurs un phénomène dont on parle énormément depuis quelques saisons en mode ou en cosmétique : le *no gender*. Le point de départ, c'est que tout le monde ne se sent pas forcément 100 % homme ou 100 % femme, 100 % hétéro ou 100 % homo, et que tout le monde ne souhaite pas acheter un parfum, un pull ou un sac uniquement parce qu'il est vendu dans le rayon qui correspond au sexe mentionné sur sa carte d'identité. La frange militante est particulièrement active sur ce créneau. Je l'ai vu avec *Teen Vogue*, qui fut pendant des années le *Vogue* des adolescentes… et des éternelles adolescentes, comme moi, un magazine pop, pétillant, coloré, léger, avec pour principaux soucis des histoires de fringues, de copines, de collège ou de make-up. Il vient de prendre un virage étonnamment engagé (quand on sait que les journaux *glossy* préfèrent adopter une attitude bien sage et bien neutre, pour n'effrayer ni les publicitaires ni le public), en mettant à égalité totale, sur les couvertures, dans les pages rédactionnelles ou les séries mode, les filles, les garçons… et tous ceux qui oscillent entre l'un et l'autre. De plus en plus, la parfumerie propose moult fragrances pour hommes et femmes confondus, la cosmétique se met aux crèmes unisexes, et les marques de vêtements lancent des lignes neutres. La révolution est visible sur la côte californienne. Car si, comme je l'écrivais dans le chapitre précédent, le Cali Guy ne cherche pas à surjouer la virilité, il ne craint pas non plus d'afficher sa part de féminité.

À Los Angeles, la communauté trans est historiquement importante, mais ce n'est pas d'elle que je parle : c'est de ce *guy-next-door* qui laisse tomber les interdits traditionnels. Celui qui décolore lui-même les pointes de ses cheveux longs, ou alors teint en bleu, en rose ou en vert ses cheveux courts. Le chignon façon samouraï ou les nattes font partie intégrante de la nouvelle esthétique masculine, à la fois dure (avalanche de tatouages) et sensible. La manucure pour homme est un phénomène, pas la manucure parfaitement posée par une esthéticienne professionnelle, mais un vieux vernis peint soi-même à la va-vite et devenu écaillé. Le trait d'eye-liner à la Kurt Cobain n'effraie personne. Les lignes de démarcation, strictes hier encore, bougent à toute vitesse : certes, le maquillage pour homme n'est pas encore totalement entré dans les mœurs, mais le marketing multiplie les sollicitations, de MAC avec sa collection signée par les frères Brandt (fils de la top Stephanie Seymour) aux égéries masculines des marques CoverGirl ou Maybelline… Ce n'est sûrement qu'une question de temps avant qu'ombre à paupières, blush et gloss à lèvres ne soient démocratisés définitivement. Il faut dire que la région offre un état d'esprit plus permissif que beaucoup d'autres, et que le jugement est absent du regard des habitants. Il y a ce que l'on peut appeler, au choix, de la « tolérance », de l'« indifférence »… ou encore mieux, de la *happy attitude* !

L'INSTAGRAM À « CHECKER » :

@mybelonging

Côté mode, le blogueur Tommy Lei parle d'*unisex menswear* et mêle allègrement mode masculine et emprunts à ce que le vestiaire féminin a de plus sublime (tops en soie, ceinture non pas pour retenir un pantalon mais pour souligner la taille). Côté beauté, le sourcil est toujours parfaitement dessiné et la mèche rebelle minutieusement maîtrisée !

BIOTIFUL !

Les Californiens aiment à imaginer un autre monde possible. Celui d'une beauté naturelle, sans ingrédients synthétiques, sans substances qui suscitent la méfiance, sulfates, parabènes, dérivés du pétrole, sans parfums issus de l'industrie chimique. Une cosmétique dénuée de ce que les lanceurs d'alerte décrivent comme perturbateurs endocriniens et ingrédients potentiellement cancérigènes, présents dans la quasi-totalité des pots et autres bouteilles utilisés dans les salles de bains. Un quotidien enfin délesté de ces 168 produits chimiques auxquels les femmes seraient exposées chaque jour (selon une étude de l'Environmental Working Group), générés par un marché essentiellement autorégulé, trusté par le lobbying des géants du secteur…

Sur le terrain du bien-être *safe*, l'exigence des Californiennes d'aujourd'hui n'a plus grand-chose à voir avec les pratiques de leurs aînées, dont l'idéal écolo avait surtout consisté à s'enduire d'huile de coco pour se protéger du soleil (riche de vertus santé, l'huile de coco n'a néanmoins pas celle d'isoler des UV, contrairement à une croyance très ancrée dans les années 1970). Aujourd'hui, l'impératif de naturel va de pair avec celui d'efficacité, et se conjugue même avec d'autres revendications : sans gluten, sans tests sur les animaux, sans OGM, et bien sûr bio si possible, même si les propositions exponentielles de produits « sincères » ne se limitent pas au biologique. En tout cas, la question est celle d'un bien-être global, à la fois sur un mode personnel et à l'échelle planétaire.

D'où, donc, l'essor spectaculaire du naturel et du bio dans les routines beauté. Mais tout n'a pas démarré par le foisonnement de petites marques que l'on connaît aujourd'hui, les boutiques spécialisées, les entrepreneuses prescriptrices, les déesses de la plante verte, non, tout a démarré par une prise de conscience et un simple retour au bon sens : et si l'on arrêtait de cumuler les produits ?!

Revenir aux fondamentaux… la méthode californienne !

- Rechercher le produit simple à l'origine du produit transformé. Exemple : le pain de savon plutôt que le gel douche. Surtout s'il est acheté sur un marché ou fabriqué par une amie qui se lance dans le business.

- Utiliser les ingrédients naturels bruts plutôt que mixés avec d'autres. Un vrai beurre de karité, et pas un baume au beurre de karité – et à plein d'autres choses au passage… Des sels de mer qui ne contiennent rien d'autre que du sel de mer.

- Aduler les huiles végétales. Amande douce, olive, avocat, argan, sésame, pépin de raisin, beaucoup ont tout bon : des vertus nourrissantes pour la peau, les cheveux, les ongles, des apports en vitamines, et même une odeur agréable. En Californie, la superstar, c'est l'huile de coco, qui a la réputation d'apaiser les peaux rougies par le soleil, de nourrir la fibre capillaire en profondeur, d'apporter des vitamines A et E anti-radicalaires et antioxydantes, tout en satinant l'épiderme et en diffusant des effluves… mmm, paradisiaques.

- Miser sur les fonctions multitâches des ingrédients naturels. Là encore, les huiles végétales sont championnes puisqu'elles peuvent faire office d'hydratants, de démaquillants, de masques avant-shampoing, d'apaisants postépilation, qu'elles s'ajoutent dans le bain, relaxent durant les massages, luttent contre les vergetures. Et qu'en plus, elles passent allègrement de la salle de bains à la cuisine !

- Dans le même ordre d'idées : le bicarbonate de soude blanchit les dents, fait office de shampoing sec, de déodorant ou de désodorisant, soulage les maux de digestion, permet de récurer le lavabo… et de faire lever les gâteaux (en anglais, il s'appelle d'ailleurs *baking soda*). Quant aux fameuses bouteilles de savon liquide du Dr. Bronner qui s'achètent en supermarché, leur recette ancestrale se revendique… dix-huit en un !

- Reconnaître les bienfaits de l'aromathérapie, un classique d'hier et d'aujourd'hui en Californie, où le diffuseur d'huiles essentielles est un must. Lavande (relaxante) et eucalyptus (antimicrobien) arrivent en tête des best-sellers.

- Et pour des mixtures plus sophistiquées… la solution est de se mettre au *do-it-yourself.* Avocat, lait végétal, miel, huile de coco, la Cali Girl a tout ce qu'il faut dans sa cuisine pour se concocter le masque express qui lui fera un épiderme enviable.

INSPIRÉES DU GARDE-MANGER CALIFORNIEN : DES RECETTES *DO-IT-YOURSELF* !

(À fabriquer à partir d'ingrédients bio, ça va de soi...)

Pour un masque visage super-hydratant : mixer 2 cuillerées à soupe d'avocat + 2 cuillerées à soupe de lait de coco + 2 cuillerées à café de miel, et laisser poser 10 minutes.

Pour un masque visage exfoliant : mélanger 1 cuillerée à soupe de sucre de coco + 1 cuillerée à soupe de polenta (pas cuite !) + 1 cuillerée à soupe de yaourt grec + 1/2 cuillerée à café de jus de citron, et frotter doucement sur la peau.

Pour un tonique antioxydant : préparer 50 cl de thé vert ou blanc, laisser refroidir, y faire tremper 30 minutes la pelure d'une orange ou d'un pamplemousse bio, filtrer, puis transvaser la solution dans une bouteille en spray (qui se conserve au réfrigérateur). S'offrir un pschitt le matin ou à n'importe quel moment de la journée pour se rafraîchir.

Pour un shampoing résolument sans sulfates : mixer 1 cuillerée à soupe de poudre de moutarde + 2 cuillerées à soupe de yaourt nature + 1 cuillerée à café de miel + 1 cuillerée à café d'huile d'olive + 1 jaune d'œuf, et laisser poser 20 minutes sous une charlotte, avant de rincer à l'eau additionnée d'un soupçon de vinaigre.

Pour un masque qui ravive les chevelures fatiguées : mixer 1 banane bio + 1 cuillerée à soupe de miel + 2 cuillerées à soupe de crème fraîche, laisser poser 10 minutes et rincer à l'eau tiède.

Tandis que s'ancraient profondément ces habitudes en rupture avec le consumérisme ambiant, de véritables artisans de la beauté *home-made*, qui s'étaient mis à traquer les ingrédients authentiques et à inventer des recettes pour eux-mêmes, ont commencé à fournir leurs amis, leurs voisins, puis leur marché ou leur épicerie, et à faire naître tout un mouvement de microentrepreneurs engagés sur le terrain de la cosmétique naturelle. Une foule de marques de niche gravite désormais autour du concept, avec une communication qui désamorce habilement tout sentiment de culpabilisation : OK, on peut acheter un produit tout fait sans être vendu aux conglomérats industriels et à la pétrochimie. Lorsque l'on observe les sites de ces griffes, on fait bien souvent connaissance avec leur fondateur : qui il est, d'où il vient, où il vit, à quoi il ressemble, ce qu'il a fait avant, ce qu'il fait aujourd'hui… L'idée étant que si le consommateur ne prépare pas lui-même ses mixtures, n'en ayant pas nécessairement le temps, la dextérité, l'envie, la patience, c'est comme si c'était lui, puisque c'est cette aide bienveillante qu'il a l'impression de connaître, et qui n'a en tête que son bien-être et celui de la planète ! C'est sûr que se savoir dans les mains de Josie Maran, Californienne dont la marque a pour manifeste « *Luxury with a conscience* », de Shiva Rose, blogueuse dont les produits infusés… de rose, n'est-ce pas, accompagnent un bien-être holistique, ou de Tata Harper, qui produit au milieu des montagnes du Vermont une ligne adorée sous le soleil de L.A. : ça rassure.

Dans le *storytelling* de ces nouvelles marques, de nombreux créateurs, à vrai dire la plupart du temps des créatrices, évoquent les problèmes de santé qui les ont menés à des recherches sur des formulations moins toxiques que celles du commerce traditionnel. Née à Paris, réinstallée à Los Angeles, Valérie Grandury, dont la griffe Odacité (un jeu de mots entre « audace » et *audacity*) a conquis les rayons des boutiques pointues, s'est lancée après avoir été diagnostiquée d'un cancer. Un réveil, dit-elle, qui l'a poussée à changer de métier pour devenir coach santé-bien-être et à entreprendre « un voyage pour éliminer les toxines de ma vie ». Idem pour Rose-Marie Swift, maquilleuse infatigable qui travaille pour les people et les magazines et qui, après plusieurs décennies de bons et loyaux services, a éprouvé des problèmes qu'elle décrit comme physiques, mentaux et émotionnels. Ses analyses sanguines ont révélé des niveaux élevés de métaux lourds comme l'aluminium, le plomb ou le mercure, ainsi que de pesticides et d'autres produits chimiques. D'où sa collection de make-up biologique, RMS Beauty, grâce à laquelle elle sublime des clientes nommées Miranda Kerr ou Kate Bosworth, prouvant que la vogue du naturel ne sacrifie en rien au glamour.

FACIAL SCRUB
exfoliating scrub for men
exfoliant pour homme
peeling für männer
exfoliante para hombres
Baxter
OF CALIFORNIA
120 mL ℮ 4 Fl. Oz.
OIL FREE
MOISTURIZER
NORMAL TO OILY / FRAGRANCE FREE
hydrating lotion for men
hydratant sans huile pour homme
feuchtigkeitsspendende lotion für männer
lozione idratante per uomo
loción hidratante para hombres
Baxter
OF CALIFORNIA
120 mL ℮ 4 Fl. Oz.
HYDRO SALVE
HAND CREAM
hydrating hand cream for men
crème à mains hydratante pour homme
feuchtigkeitshandcreme für männer
crema mano idratante per uomo
crema de manos hidratante para hombres
Baxter
OF CALIFORNIA
100 mL ℮ 3.4 Fl. Oz.

Parce que la Californie est la terre idéale pour les cultures botaniques, les principes de la cosméto se sont mis à calquer ceux de la *food* : penser local et de saison, miser sur le durable, travailler avec des petits producteurs, voire cultiver soi-même, privilégier les ingrédients frais, fabriquer en petites quantités, avoir des dates de péremption, inventer des recettes sensées, mettre l'accent sur les sensations (odeur, toucher, vue…). Après le *farm to table*, « de la table à la ferme », le *farm to face*, « de la ferme au visage » ou le *soil to skin*, « du sol à la peau » ! Et pas question de se mettre à fabriquer plus pour vendre plus, lorsque cela va à l'encontre du rythme de la nature ou de la qualité des récoltes : certains mettent au cœur de leur stratégie le fait de rester petits. Née dans une famille de viticulteurs de la Napa Valley, April Gargiulo a lancé Vintner's Daughter en revendiquant une exigence comparable à celle de ses parents pour leurs vins. Au menu, un seul sérum, mais gorgé de 22 ingrédients qui vont de l'alfalfa au pissenlit, de la fleur de jasmin à la feuille de romarin et de l'huile de pépin de raisin à la bergamote. Bio, cultivés en majorité dans les environs, ils ne sont utilisés ni en extraits ni en poudres, mais en plantes entières : la garantie d'une meilleure efficacité.

« Nous sommes persuadées que vous ne devriez pas mettre sur votre peau ce que vous ne voudriez pas mettre dans votre bouche », affirment Sarah Buscho et Marina Storm, les deux herboristes à l'origine de Earth Tu Face (en gros, « De la Terre au visage »), un phénomène de la cosmétique *green*. Leurs recettes, elles les imaginent entre leur jardin et leur cuisine, elles n'utilisent que des plantes et des huiles végétales, testent leurs potions sur elles-mêmes, certainement pas sur les animaux des voisins, et ont même un jour utilisé leur beurre corporel pour fabriquer des pancakes (tout est mangeable disent-elles, mais comme ça n'est pas le but, ça ne sera pas forcément très bon). Néanmoins, la marque n'est pas vegan : elle utilise de la cire d'abeille.

Dernière tendance lourde, le vegan interdit en effet les essais sur les animaux et toute substance animale, ce qui inclut le miel, la lanoline (graisse obtenue à partir de la laine des moutons), le carmin (pigment rouge fabriqué avec de la cochenille écrasée), la guanine (issue de l'écaille des poissons), la kératine (venue des ongles ou plumes), l'huile de vison ou la soie. Un produit vegan peut en revanche comprendre des minéraux ou des ingrédients synthétiques, ce qui signifie que lui ne se retrouvera jamais sur la table du petit déj'. Dernière précision : il peut être bio – ou pas.

Les « Cali-cartons » au rayon du make-up vegan ? La très fun marque Too Faced, qui a bâti sa réputation sur ses couleurs, son insolence et sa réactivité sur les réseaux sociaux, et la ligne de la tatoueuse Kat Von D, fille au look gothique très glam', dont les palettes sont flamboyantes à souhait. Ni l'une ni l'autre n'est vegan à 100 %, mais chacune est engagée sur ce créneau et dresse sur son site la très longue liste de ses produits qui le sont.

The Detox Market

Plusieurs adresses, dont 8380 Beverly Boulevard (West Hollywood) et 1231 Montana Avenue (Santa Monica)

www.thedetoxmarket.com

Ce qui est particulièrement notable, c'est que dans les deux cas, on est loin d'une image « peau nue » de la beauté. Car avec leurs packagings qui crient « design » et pas « fait par moi », leurs propositions échevelées de teintes ou de textures et leur communication affûtée, les nouvelles griffes naturelles permettent de sortir du dilemme traditionnel : marques industrielles, avec tous les risques que cela comporte, ou préparations maison… avec tous les risques que cela comporte ! Les nouveaux experts accessibles sont là pour apporter le meilleur des deux mondes, à savoir une transparence des formules, doublée d'une hygiène de laboratoire. La demande est forte, l'offre se démultiplie. Exemple : chez The Detox Market, à Los Angeles, l'adresse de référence pour la beauté « éco-consciente », il y a plus d'une centaine de marques, toutes plus alléchantes les unes que les autres, entre lesquelles choisir.

Une chose est sûre en tout cas : quels que soient ces nouveaux gourous du bien-être au naturel, tous reconnaissent que la beauté extérieure vient, d'abord, de l'intérieur. Y compris Rose-Marie Swift, déjà citée, fondatrice de RMS Beauty. Son « conseil belle peau » n'est pas son illuminateur, pourtant très réputé, mais… « de supprimer toutes les nourritures mauvaises pour vous. C'est ça, mon conseil numéro 1 ». Elle ajoute, elle qui en connaît un rayon, que « tous les top models mangent sainement ». Car oui, la déferlante des soins et make-up « éco-conscients » va main dans la main avec une alimentation saine. Vernis à ongle au chou kale : qui a faim ?! La *superfood* est, décidément, la clé de voûte de la beauté californienne.

Rappel des préceptes de la beauté « in & out » :

- Consommer des aliments blindés en antioxydants : leur spectre large va de l'açaï et l'acérola au brocoli et au potiron, en passant par le thé vert. Miser sur les graines aux pouvoirs nutritionnels exceptionnels comme le quinoa ou les lentilles. Incorporer le saumon et les œufs pour leurs omégas 3, la banane pour le potassium, les noix pour le magnésium, l'avocat pour le bon gras, le kéfir et le yaourt grec pour les probiotiques. Finir en saupoudrant ses plats ou ses boissons de gingembre, de cannelle ou de curcuma. La couleur orangée de ce dernier serait-elle responsable du *glow* de la California Girl ?!

- Écouter la *it-girl* Alice Bamford, cow-girl dans son One Gun Ranch à Malibu et auteure d'un livre qui mêle les recettes de cuisine aux conseils de bien-être : « Manger sain ne devrait jamais donner l'impression d'un sacrifice. Pourquoi ne pas voir ça comme l'occasion d'incorporer d'autres choses délicieuses à son alimentation, et ouvrir son corps à un nouveau chapitre ? »

- Troquer les suppléments alimentaires artificiels des supermarchés pour leur équivalent naturel. Les Californiens en raffolent sous forme de gélules, de boissons, mais aussi de poudres, ces fameuses *beauty powders* proposées par toutes les marques *healthy*, qui peuvent contenir des enzymes digestives, des plantes « bio-fermentées », du chia ou de la *chlorella*, du pissenlit ou du gingembre, du champignon ou de la *cranberry*, et ajoutent une saveur souvent délicieuse à son breuvage. Sans oublier les thés détox, aux infusions classiques s'étant récemment ajoutée une vogue des cures de deux, trois ou quatre semaines, durant lesquelles il est recommandé de siroter exclusivement des mélanges tout préparés (et parfaitement marketés !) de maté, de thé vert au jasmin, de matcha, de rooibos et de tout un tas de superplantes.

- Compléter le cercle vertueux en choisissant des soins du visage formulés à la grenade ou à la spiruline, pour leurs « effets boosters ». Ou bien des crèmes à base de kéfir ou de *kombucha*, qui améliorent la flore intestinale lorsqu'ils sont ingérés, et régulent l'équilibre des bactéries (le microbiote) lorsqu'ils sont appliqués sur l'épiderme.

- Bref, pratiquer le naturel dans la routine beauté matin et soir, et dans l'assiette toute la journée !

L'EGYPTIAN MAGIC CREAM

6 ingrédients au menu de l'Egyptian Magic Cream : huile d'olive, cire d'abeille, miel, pollen, gelée royale, propolis. Best-seller depuis 1991, cette crème qui reproduit, paraît-il, « le » secret de beauté de l'Égypte ancienne est 100 % naturelle et multi-usage (bien épais, ce baume adoucit le visage, les lèvres, le corps ou la pointe des cheveux – les avis sont plus mitigés quant à son usage en démaquillant ou pour soigner l'eczéma). Il est dans le vanity de presque toutes les Cali.

002
MACARON
ROSÉ
EAU DE PARFUM
008
LAIT DE
COCO

SO CALI !

Que l'on passe une heure, une semaine ou un an en Californie, quelques éléments frappent dans les silhouettes locales. Sont-ils les instruments de leur bien-être présent ou futur, comme peut l'être la quête de naturel, ou est-ce une simple question d'image ? Ces habitudes très ancrées permettent bien souvent de distinguer le « vrai » Californien du Californien d'adoption... notamment des 40 000 exilés *frenchies* !

Trois petites manies made in Californie :

- Des ongles « faits ». Sur ce point, la California Girl rejoint sa consœur la New York Girl en fréquentant assidûment ces salons qui pullulent dans tous les quartiers, peu onéreux, sans rendez-vous, grouillants de monde aux heures de pointe (le week-end, à la sortie des bureaux), esthéticiennes et clientes confondues dans un joyeux désordre. La manucure est une obsession très américaine : des ongles abandonnés à la splendeur de leur coloration naturelle peuvent passer pour une marque de négligence. Et sous des latitudes qui poussent à montrer souvent ses pieds, la pédicure fait figure de prérequis. Face aux effluves des salons traditionnels, souvent, euh... désagréables, voire franchement néfastes, une génération d'adresses écolo voit le jour, se positionnant autour de marques comme la française Kure Bazaar. Lancée par l'ancien mannequin Kartika Luyet (enceinte, elle cherchait désespérément un vernis non toxique), celle-ci utilise la pulpe de bois, le coton, le

Drybar

Plusieurs adresses, dont
8379 West 3rd Street
(West Hollywood)

www.thedrybar.com

Shamrock Social Club

9026 Sunset Boulevard
(West Hollywood)

http://shamrocksocialclub.com

maïs, la pomme de terre et le blé, afin de conjuguer conscience verte et doigts de fée.

◆ Un brushing parfait. C'est loin d'être la première caractéristique qui vient à l'esprit quand on pense Cali Girl… et pourtant, c'est bien sous le soleil de la côte ouest qu'est née Drybar, la chaîne numéro 1 sur le créneau du *brushing only*. Le concept : shampooiner, sécher, mais ni couper ni colorer. L'intérêt, alors ? Pas uniquement les grandes occasions, mais aussi s'offrir un massage de crâne, se faire faire un masque, lisser et refermer ses écailles, et puis se laisser aller entre les mains d'un vrai compagnon de route de la beauté américaine (*cf.* le film *Shampoo*, en 1975, où le coiffeur avait les traits de Warren Beatty, qui trimballait son séchoir dans les rues de Los Angeles tout en valsant entre la racée Julie Christie et la *baby-doll* Goldie Hawn). La coupe est souvent basique aux États-Unis, tout l'investissement (en argent, en temps) est dans le *styling*. Et c'est vrai que quand on y réfléchit, ces mèches sublimement droites, ces racines idéalement décollées, ces crinières resplendissantes de santé, n'est-ce pas un peu trop parfait pour être honnête ?!

◆ Des tatouages *no limit*. On peut ne prêter attention ni à la mani-pédi toute fraîche ni au brushing à la Farrah Fawcett, en revanche, il est plus difficile de rester insensible à cette fabuleuse invasion des *tattoos* sur les bras, les mains, les mollets, les chevilles, le dos, le torse, le cou, le crâne, partout et sur n'importe qui, les garçons, les filles, les serveurs, les banquiers, les geeks, ceux qui vendent leurs fruits sur les marchés… C'est ainsi que l'on peut lire des prénoms, des phrases, le nom d'une équipe de sport, que l'on peut voir des paysages, des animaux, des fleurs, des compositions abstraites, du romantique, du sauvage… le tout dans une palette de couleurs assumées. À Los Angeles, il y a tout un historique de gangs latinos qui a marqué l'esthétique de la ville et répandu le culte du tatouage. Il y a aussi cette culture plage, ou au moins ce triomphe du tee-shirt, qui poussent à exhiber son corps, et donc à le parer. Les tatoueurs sont-ils les nouveaux coiffeurs ? Ils leur ont en tout cas largement volé leur statut de star, tel l'incontournable Dr. Woo, tatoueur au salon Shamrock Social Club, dont le style délicat, parfois poétique, est admiré bien au-delà de la sphère des aficionados.

ET LE MASSAGE CALIFORNIEN, QU'EST-CE QUE C'EST ?!

Né dans les années 1970 à Big Sur, face aux vagues du Pacifique, il a été inventé pour soigner des psychoses que les médecins, d'ordinaire, traitaient par des médicaments (dépression, stress, anxiété, fatigue, insomnie, migraines). La décennie suivante, il était devenu un incontournable de la beauté dans les spas du monde entier ! Car le massage californien a un objectif : la relaxation, la détente, le lâcher-prise. Ses gestes à la fois doux et profonds ne causent pas de douleur, dénouent les tensions liées à la nervosité et permettent de reprendre conscience de son corps à travers des massages qui démarrent du bas du dos pour remonter jusqu'aux épaules en des mouvements fluides et harmonieux. Ce n'est qu'ensuite que le praticien monte en puissance avec des pressions plus fortes qui visent à libérer des nœuds résistants, puis termine avec des effleurages doux et apaisants. Le tout sur fond de musique d'ambiance, d'huiles sèches, de matelas chauffant, au cours de séances durant entre vingt-cinq et cinquante minutes.

UNE BEAUTÉ SURNATURELLE MAIS QUAND MÊME NATURELLE : COMMENT S'Y METTRE

Soigner sa peau, la base de tout.

Ce qui démarre par une hydratation intransigeante avec les bons produits. Nettement plus important que le maquilleur qui vous propose ses services dans les boutiques ? Votre bon vieux dermato !

Privilégier des formules simples.

Revenir aux basiques de mamie. De temps en temps : mettre la main à la pâte, et fabriquer soi-même.

Penser aux anti-âge

sans attendre de voir les rides débarquer, en capitalisant sur des ingrédients qui ont fait leur preuve : collagène, acide hyaluronique, vitamine C, rétinol…

Adopter une protection élevée

en cas d'exposition au soleil. Ou au quotidien l'été dans les régions ensoleillées. (Hello, celles qui habitent la Californie… à Cannes !)

Avoir toujours près de soi un *bronzer*

pour mimer la bonne mine. Ou un autobronzant pour se dorer le corps.

Garder la main light sur le maquillage,

qui doit corriger, pas transformer. Un anticernes et un blush suffisent souvent. En revanche, le soir, on se lâche !

Traquer le créneau en plein boom de la cosmétique non genrée.

Si l'on est un homme, assumer et sublimer la femme qui sommeille en soi… et inversement.

Et guetter la nouvelle vague de marques

à la fois nature et hype. Ne pas hésiter avant d'acheter à se renseigner sur Internet à propos des produits, de leurs créateurs, de leurs ingrédients. Avoir la même exigence pour ce que l'on applique sur la peau que pour ce que l'on avale : du frais, du local, du bio…

Ne pas oublier…

qu'aucun de ces conseils ne rattrapera jamais une mauvaise alimentation. On ne parle pas de régime, on parle juste d'équilibre et de *superfood*.

Avoir une manucure impec' !

Un brushing de star ! Une armada de tatouages ! Enfin, si on en a envie…

CHAPITRE 6

Love your life

LE CHIC FRIENDLY DE LA DÉCO CALIFORNIENNE

Avouons-le, lorsque l'on visualise le Californien, libre et happy, c'est, spontanément, toujours au même droit : dehors ! Bien souvent sur la plage. Parfois en pleine randonnée dans les montagnes. En terrasse pour « bruncher ». Sur Abbot Kinney Boulevard aka la-rue-la-plus-cool-du-monde… Grande nouvelle : le Californien sait aussi être heureux en intérieur ! Et à vrai dire, il a de quoi, car malgré une hausse constante des loyers sur ces dernières années et des maisons qui s'achètent à des prix de plus en plus délirants, il peut encore (peut-être pas pour très longtemps, hélas), pour le loyer d'un appartement à New York, à Londres ou à Paris, s'offrir une maison. Pas une villa avec piscine, mais au moins ce que l'on appelle des *craftsman houses*, ces maisonnettes en bois au toit en triangle et au charme dingue, très populaires jusque dans les années 1930, où il peut évoluer portes grandes ouvertes, bouquiner sous son porche, cultiver ses plates-bandes, l'idée étant que vivre dehors, c'est bien, vivre dedans, c'est bien aussi, mais vivre dedans-dehors : c'est le must !

Abondamment copiée, décortiquée, enseignée dans les magazines spécialisés, la déco californienne convoque immédiatement une idée de communication entre l'intérieur et l'extérieur. Une communion avec la nature, génératrice de bien-être. Elle évoque aussi la lumière, l'épure, qui aèrent l'esprit et les idées. Antidote au trop-plein, philtre anti-idées noires, elle incarne un idéal, au même titre que la simplicité scandinave ou le minimalisme japonais… dont elle s'inspire d'ailleurs !

Déco nostalgie

C'est que tout n'a pas commencé par cette image éthérée de murs blancs et de minipots de cactus. En se promenant dans Los Angeles, on croise énormément de résidences d'autrefois qui abritent ce qu'on appelle des « bungalows », vous savez, elles sont souvent construites autour d'une allée centrale, avec parfois une fontaine au milieu, on imagine Marilyn Monroe y habiter, David Lynch en a fait le décor de son *Mulholland Drive*, et on s'attend encore à y croiser une vieille actrice hollywoodienne nonagénaire quelque peu fofolle. Certaines sont rococo, d'autres plus basiques. Aujourd'hui, ces résidences semblent souvent aussi sublimes que délabrées, aussi propices à la nostalgie que confinées, avec leurs pièces minuscules et sombres, leur vieille moquette et leur caisson à air conditionné : elles illustrent la mythologie hollywoodienne, moins la subtilité du bon goût actuel. De même, si l'on compile des photos qui ont fait la légende de la ville, on voit d'adorables haciendas le long des trottoirs, de drôles d'imitations de chalets savoyards, des maisons à colombages au cœur d'Hollywood, des minichâteaux pour ceux qui avaient fait fortune du jour au lendemain et se cherchaient une aura de châtelain, bref, toutes les excentricités qu'autorisait le déferlement d'argent et de créativité des débuts de l'industrie du cinéma. Leurs propriétaires adoraient poser dans leurs décorations intérieures chargées, certains ayant un faible pour le style western, d'autres s'inspirant d'un cottage anglais, d'autres encore se croyant à la cour de Versailles. Quant aux bars mythiques comme le Formosa ou Musso & Frank, ils n'étaient pas réputés pour une quelconque terrasse agréable, mais bel et bien pour leurs lumières tamisées, leurs banquettes en cuir sur lesquelles se coller en buvant des cocktails, taper un scénario ou un manuscrit sans jamais voir la lumière du jour !

De tout cela, il est resté une certaine diversité dans le style de la région. De nombreuses boutiques de décoration proposent des tapis épais, des fauteuils en velours, des rideaux en brocard, ou alors des éléments plus folkloriques ou plus ethniques qui viendront apporter, selon les désirs, des notes de vintage, ou de bohème, ou d'historique, ou de romantisme, que beaucoup adoptent non plus en *total-look* mais en touches. Histoire d'apposer sa patte, de personnaliser le décor, de dispenser l'authenticité de ce qui a été minutieusement chiné ou miraculeusement déniché.

Nouvelle vague !

Car dans les années 1950, une grande vague a balayé la multiplicité des inspirations, définissant d'abord l'architecture californienne puis, en corollaire, la décoration, avec les basiques que l'on connaît aujourd'hui. Demeures aux lignes anguleuses, toits plats, volumes amples, fenêtres panoramiques, lumière naturelle omniprésente, les architectes modernistes ont fondu leurs constructions dans la nature, équilibrant le végétal et le design d'une manière qui continue de fasciner, plusieurs décennies après. La Californie dans son ensemble fantasme sur les codes immortalisés par la mythique Stahl House, ou Case Study House #22. Érigée en 1959 dans les collines hollywoodiennes par l'architecte Pierre Koenig, dotée d'une vue bluffante et sublimée par une photo de Julius Shulman, elle n'a pas de prix, quand bien même son concepteur ne l'a pas imaginée pour plaire aux milliardaires actuels… mais au contraire, pour trouver des constructions simples et des matériaux bon marché qui permettraient de loger la *middle class* ! Tout cela n'était pas révolutionnaire dans le sens où le mouvement moderne des années 1920, le Bauhaus et Le Corbusier avaient déjà diffusé leurs idées, leurs lignes, mais dans le contexte de reconstruction de l'après-guerre, la mode est passée d'avant-gardiste à massive et a modelé une nouvelle image de la Californie. À West Hollywood, le visiteur se pâme en évoluant dans la Schindler House, chef-d'œuvre précurseur (1921) de Rudolf Schindler, avec ses portes coulissantes inspirées des maisons japonaises. Je cite cet exemple, car il permet de comprendre que, une fois les fondations posées, ces structures dépouillées ont appelé, en termes de déco, non pas un grand nombre de meubles, de tableaux de maître ou à la manière de, comme on les affectionnait autrefois. Elles ont dicté tout l'inverse : rien que l'essentiel. Ce qui est terriblement actuel.

McMansions attack

Si l'on reprend notre balade entamée plus haut dans le Los Angeles d'aujourd'hui… en plus des folles constructions déjà citées, bientôt centenaires, témoignant d'une ambition d'importer les imaginaires du monde entier, on rencontre de plus en plus de maisons sobres, fraîchement bâties, des gros blocs de béton aux vitres immenses, qui reproduisent plus ou moins la Stahl House. Le réflexe en tant qu'expatrié est de trouver ça design et génial. Jusqu'à ce que l'on se dise : tiens, encore une. Tiens, encore une autre. Tiens, en voici

une en construction. Oh mais tiens, cette bâtisse hispanisante du début de siècle va bientôt être rasée, quel dommage ! Là, on tombe sur des panneaux piqués par les habitants du quartier proclamant : « *No more McMansions !* » « McMansion », c'est le surnom donné à ces édifices uniformes qui s'inspirent d'un modèle unique, pas toujours finement reproduit, qui sont souvent trop volumineux pour leur parcelle de terrain, et qui dénaturent l'identité, l'équilibre et la diversité d'un voisinage. Des logements attrayants au premier abord, mais, au final, aussi originaux et aussi digestes qu'un Big Mac. L'architecture californienne contemporaine a beau être fascinante, elle n'en possède pas moins ce revers : un engouement tel qu'il fait table rase de tout le reste.

Eh oui, comme d'autres domaines, l'esthétique *made in* Californie possède une histoire qui n'est ni parfaitement linéaire ni parfaitement positive. Il n'empêche que le bouillonnement actuel dans l'immobilier ne donne pas que des McMansions, heureusement, mais permet la naissance d'une infinité de lieux qui, par leur architecture ou leur décoration, diffusent une énergie positive, dessinent des havres de paix dans lesquels se ressourcer, se mettent en phase avec les préoccupations écologiques… Et inspirent, où que l'on vive !

237

LES MAISONS DU CALIFORNIA DREAM

Souvent décrite comme un musée d'architecture à ciel ouvert, Los Angeles regorge de buildings dessinés par des légendes d'hier et d'aujourd'hui : ceux de Frank Gehry, notamment le célébrissime Walt Disney Concert Hall, un pliage aluminium emblématique de son style, ou le Binoculars Building, en forme de paire de jumelles géantes ; la Chemosphere, de John Lautner, une espèce de soucoupe spatiale perchée sur un piquet, dont Brian De Palma a fait le lieu voyeuriste par excellence dans son *Body Double*... Certaines maisons de particuliers se visitent et, qu'on les découvre en vrai ou sur Internet, elles mettent immédiatement dans le *mood* californien.

La Hollyhock House, de Frank Lloyd Wright Plantée depuis 1921 au sommet d'une colline, elle déploie tout le génie architectural de son auteur, et donne une irrésistible envie de mobilier en bois.

La Eames House ou Case Study House #8, de Charles et Ray Eames Le couple mondialement populaire pour son mobilier (les fameuses chaises Eames, les portemanteaux à boules de couleur) a vécu juste au-dessus de Santa Monica, dans un grand rectangle niché en pleine forêt. Pour aménager un coin cosy avec bibliothèque, tapis et plantes : on se tourne vers leur intérieur laissé dans son jus.

La Stahl House ou Case Study House #22, de Pierre Koenig Incontournable. La perfection avec un nombre de meubles réduit au strict minimum.

La Neutra VDL House, de Richard Neutra Là encore on ne rêve plus que d'épure face aux maisons plates et aux lignes géométriques de ce moderniste, qui ont façonné le style local jusque dans la très design ville de Palm Springs.

LUMIÈRE… ACTION !

Le premier élément de cette déco californienne tellement admirée est-il la nature… ou la lumière ? Les deux vont main dans la main tant, dès les premiers plans, les bâtiments sont conçus pour être ouverts sur l'extérieur, en transporter les paysages autant que la luminosité. Les baies vitrées offrent des vues sur un panorama d'exception… ou au moins l'accès à sa petite terrasse (celle-ci peut donner sur la chaussée, mais peu importe, les quartiers résidentiels étant la norme autour des *main streets* et autres *downtowns*, rues principales et centre-ville, cela reste plus qu'agréable). Ou alors ce sont des puits de lumière au plafond ou des meurtrières placées dans les escaliers qui charrient à la fois les clins d'œil des palmiers et le soleil. Même lors des maussades mai et juin, surnommés « May Grey » et « June Gloom », il règne une impression de lumière dans les maisons californiennes. Parce qu'il n'y a pas que les fenêtres. Il y a ces volumes amples, plafonds hauts, grandes pièces, des ouvertures larges qui suppriment les portes et qui, un peu comme dans les appartements haussmanniens les jours de grisaille parisienne, parviennent à donner cette illusion de clarté due à la majesté de l'espace. Peu de cloisons, de pièces à part, on préférera utiliser des tapis pour délimiter des zones. Les lignes géométriques n'enferment pas, elles forment d'infinies lignes de fuite, sans pour autant se limiter à un simple carré : les constructions ressemblent volontiers à plusieurs cubes encastrés, ici un recoin dans la cuisine qui s'avance sur le dehors, là un demi-étage d'appoint qui part du milieu de l'escalier. La circulation est à la fois complexe, on peut s'y perdre, et fluide, puisqu'on n'y fait que marcher sans avoir à ouvrir des portes qui distribuent les pièces de chaque côté du couloir !

Voilà pour l'architecture idéale. Tout le monde ne l'a pas, pas même en Californie. Ce qui fait la *Californian touch*, c'est le travail sur la déco. Travail, travail… L'effort peut effectivement être pris au pied de la lettre et consister à appliquer scrupuleusement les diktats. Gros budget marbre à prévoir ! Et gare aux overdoses de doré ! Cette exagération, on la voit souvent dans les magazines, elle passe souvent par ces « décorateurs des stars » qui, à l'international, fascinent moins que d'autres prescripteurs (« maquilleur des stars », « coach des stars », « coiffeur des stars »). Pour rigoler un coup, vous pouvez aller taper Martyn Lawrence Bullard dans votre moteur de recherche, c'est l'un des plus célèbres et pas celui qui a le doigté le plus léger. La créatrice d'intérieur Kelly Wearstler est extrêmement modeste en comparaison, il n'empêche que cette amie des people possède un Instagram (@kellywearstler) et des goûts qui piquent un peu les yeux. Mais l'agencement californien peut s'envisager de manière plus spontanée, plus sincère, en se contentant de quelques objets en guise d'emblèmes : et là, un simple dessous-de-plat en marbre ou un vase doré peuvent suffire à faire la signature… En clair, l'idée, c'est la *cool attitude* du style vestimentaire de la Cali Girl ou du Cali Guy appliquée à la décoration d'intérieur. Ce qui n'empêche pas la population d'être extrêmement attentive à l'embellissement de son chez-soi, et les *concept stores* de déco pointue de croître. La ligne de conduite à garder à l'esprit en tous les cas, c'est ce double objectif qui est, 1. de projeter et de préserver un maximum de lumière naturelle, et 2. de se mettre au niveau de la nature en utilisant ses ressources.

Les essentiels d'une déco infusée de lumière et de naturel :

- Des murs peints en blanc. En blanc, point final. Pas de jeux d'optique avec un pan de couleur, pas de papier peint, juste la fraîcheur du blanc du sol au plafond. Allez, on se met à la chaux !

- En revanche, on apporte de la gaieté grâce à des splashs vivifiants de teintes pastel. Une rangée de chaises en métal vert anis, un vaisselier en bois repeint à la main en parme…

- Du bois clair. Au sol, il fait rayonner la lumière, et en meuble, il garantit l'authenticité. Matériau naturel, le bois est omniprésent dans l'ameublement californien. D'autant plus qu'il se prête bien au *do-it-yourself.*

- Du marbre. Le comptoir de la cuisine en marbre blanc appartient au rang des classiques. Il a détrôné l'usage du marbre dans la salle de bains, aujourd'hui un peu connoté nouveau riche (et remplacé par des mosaïques).

- Du cuivre. Ou du doré. Gorgés de lumière, ils font fureur sur les détails d'une table ou d'une chaise, en miroir, en vase, en porte-bougie, en terrarium…

- De l'osier. Les Californiens adorent semer dans leur domicile des paniers tressés achetés sur les marchés.

- Ou même, du rotin, qui revient des limbes des années 1970-1980 avec sa pièce de mobilier phare : un fauteuil suspendu au plafond. Intemporellement californien.

- En bref, des matériaux bruts. Du coup, pas de mobilier laqué ni d'objets en plastique. Sauf peut-être sur un registre décalé, comme une énorme bouée en forme de donut coloré qui paraderait dans le salon…

- Des meubles recyclés, y compris du mobilier industriel en acier, son esthétique s'étant répandue sous toutes les latitudes. Le Californien n'hésite pas à écumer les brocantes, les vide-greniers, ou ce que les Américains appellent les *yard sales* (un particulier fait sa petite brocante perso devant chez lui) : les traquer est le sport national du week-end.

- Des baies vitrées sans rideaux. Ou alors des choses très légères : les voilages blancs les plus simples, des stores vénitiens qui laissent passer le jour.

- Puisque malgré la lumière naturelle, une lampe est parfois nécessaire… l'éclairage privilégié est indirect. Pas toujours d'ampoule au plafond, mais des objets qui tiennent autant du luminaire que de la décoration et qui s'accrochent au mur, se posent sur une table…

- Du vide ! Du trié ! Même vaste, même lumineuse, une pièce qui suffoque sous le poids des meubles, des bibelots, des piles de journaux ou du bazar ambiant ne donnera pas cette belle impression de légèreté qui apaise. On range !

- Brouiller les frontières traditionnelles entre mobilier d'intérieur et d'extérieur. Les tables et chaises de jardin, les chaises longues ou les guirlandes lumineuses qui éclairent ordinairement la terrasse s'invitent dans le salon. On rentre sa planche à roulettes, son vélo, donnant l'impression, même si on n'a pas de jardin, qu'on y est.

- Des plantes, des plantes, encore des plantes. Les cactus transportent illico dans le désert. Les plantes grasses purifient l'atmosphère. Les terrariums, ces sortes d'aquariums aux jolis designs, permettent de faire pousser des graines, ou des herbes pour le déjeuner. Les suspensions donnent un côté serre…

HAPPY LIEUX PUBLICS !

Mais pourquoi, lorsque l'on tape « Déco californienne » dans son moteur de recherche, tombe-t-on invariablement sur des maisons de particuliers… quand bien même le style s'illustre, aussi, dans des lieux ouverts au public ?! Les endroits pullulent, qui sont à la fois beaux, apaisants et inspirants. Exemples.

Le Trancas County Market et le Malibu Village, à Malibu

Ces deux centres commerciaux sont emblématiques de cette désaffection de tout ce qui est éclairage artificiel et architecture fermée : les nouveaux *malls* sont écologiques, ouverts sur l'extérieur, ils ont des pelouses, des arbres, des plantes qui poussent à l'air libre, la montagne en arrière-plan, et ils n'utilisent que des matériaux naturels comme le bois ou la pierre.

Trancas County Market 30745 Pacific Coast Highway (Malibu)
http://trancascountrymarket.com

Malibu Village 3822 Cross Creek Road (Malibu)
www.malibuvillage.com

The Springs, Downtown

Ce hangar a été reconverti en studio de yoga… entre autres. Car ce que le site Internet décrit comme un oasis urbain est surtout un *hub*, ce mot à la mode aux États-Unis comme en France pour décrire une réunion de talents, ce qui fait que l'on y trouve également un restaurant *healthy*, un stand de vêtements de yoga *eco-friendly*, une table de bijoux garnis de pierres guérisseuses… Tout cela dans un mélange de béton et de plantes vertes, de bois clair et de flashs acidulés.

The Springs 608 Mateo Street (Downtown Los Angeles)
www.thespringsla.com

The Now, à Hollywood, Silver Lake et ailleurs

Cette minichaîne de massages à prix corrects s'est très vite envolée grâce à sa luminosité naturelle, immédiatement relaxante, à son environnement de bois, de tentures en lin, de peaux de bêtes, à ses cactus qui évoquent plus un imaginaire du désert que le clean aseptisé des spas habituels. Elle a même été adoubée par le chiquissime *Vogue* français !

The Now Plusieurs adresses, dont 7611 Beverly Boulevard (Hollywood)
et 3329 Sunset Boulevard (Silver Lake)
http://thenowmassage.com

COSY & CONVIVIAL

On l'a souvent répété dans ce livre : le Californien est convivial. Il aime se retrouver en groupe, « chit-chater » en souriant largement, il adore réunir ses amis, et plus encore mixer silhouettes familières et inconnues qu'il accueille à bras ouverts en leur offrant immédiatement un cocktail. Forcément, cette chaleur se ressent dans son intérieur. Je me souviens que quand Jennifer Aniston s'est séparée de Brad Pitt, il y a donc un bail (mais j'ai bonne mémoire), elle a ironisé sur le fait qu'enfin elle allait pouvoir se poser dans des fauteuils confortables, et pas dans les chaises conceptuelles qu'affectionnait son mari, féru d'architecture et de design ! Je ne sais pas si les Aniston-Pitt recevaient beaucoup. Je sais en tout cas que Brad Pitt est natif d'Oklahoma, alors que Jennifer Aniston est bel et bien de Los Angeles : ceci explique sûrement cela. En Californienne digne de ce nom, Jen voulait simplement avoir, comme tous ses semblables, un mobilier qui réponde à deux impératifs : être cosy, et convivial. Ou au moins juste cosy. Car si ça l'est, tout le monde aura envie de s'attarder : CQFD.

Le friendly décor qu'aurait sûrement aimé Jennifer Aniston :

- Des espaces épurés, mais pas vides. Nuance ! Il faut prévoir une multiplicité d'options confortables pour inviter à s'asseoir, et par ricochet, à se détendre : par terre sur des tapis épais, ou des coussins en pagaille, sur des poufs, sur des canapés immenses, dodus et modulables, sur des fauteuils profonds, sur des méridiennes en tissu…

- Une grande table, vraiment grande. Les convives doivent pouvoir s'attabler sans se donner des coups de coude les uns les autres. Ne surtout pas la reléguer à l'écart dans une pièce fermée type salle à manger, non, essayer de l'intégrer au salon ou dans le prolongement de la cuisine, en faire un élément habituel du lieu de vie en somme. Car le *friendly feeling* n'est pas notre *frenchie* « Et si on passait à table ? ». À table, on y est déjà, ou presque : certains y ont posé négligemment leur verre, d'autres ont piqué une chaise, la fluidité est parfaite entre l'apéro et le repas.

- Le bar, passé des cuisines typiquement américaines à celles du monde entier, participe aussi de cette attitude *casual*. Les invités s'y accoudent pendant que l'hôte prépare la nourriture, ce qui permet de commenter, de mettre la main à la pâte. Le bar est pratique aussi lorsqu'il s'agit de cuisiner avec les enfants, et éventuellement de faire ce que l'on ne voit que dans les films (dans la vraie vie, il faudrait nettoyer) : se lancer des paquets de farine en ratant sa cible et en riant.

Cela peut sembler paradoxal en raison d'une nature parfois aride et de pièces asséchées par le soleil, mais la déco locale, amicale, affable, a quelque chose de douillet. Une dimension qui s'accentue avec des détails empruntés au *hygge* (l'art de vivre scandinave, dont le nom s'est répandu dans le monde entier à la fin 2016) : des plaids moelleux, des coussins en laine, des touches de fourrure, des bougies parfumées. J'ai également vu une flambée des cheminées électriques, autour desquelles on peut passer des heures hypnotisé, à essayer de résoudre le mystère de ces bûches qui ne se consument jamais ! Le feu, vrai ou faux, c'est sûrement merveilleux dans l'hiver danois, mais c'est aussi parfait lors des fraîches nuits californiennes, et j'en ai même parlé dans le premier chapitre en tant que support de méditation. Le supplément d'âme s'obtient également via des emprunts à d'autres folklores, dans une région, mieux, un pays marqués par la vivacité du melting-pot, la diversité des patrimoines historiques, l'héritage hippie tourné vers l'ailleurs, l'infinie mosaïque des paysages. Les Californiens raffolent des touches folks et ethniques qui évoquent leur continent ou leurs communautés : ils suspendent des attrape-rêves empruntés aux Amérindiens, ou des macramés *seventies* chargés de plantes vertes, ils posent par terre ou sur les murs des tapis tissés, accrochent dans l'entrée des foulards rapportés d'un autre État, recyclent des têtes d'animaux chassés dans les forêts d'hier et dégotés aujourd'hui en brocante. Souvent musiciens dès l'adolescence, ils exposent comme des tableaux leurs collections de guitares et ne sont en général pas farouches pour laisser les autres les gratter. Ce qui fait que lorsque l'on contemple les intérieurs californiens, on voit certes de l'épure, mais aussi de la personnalité, du vécu, de l'authenticité, quelque chose qui raconte son propriétaire et qui ne s'achète pas, même si on dit souvent que tout se vend et s'achète aux États-Unis.

D'ailleurs, l'élément ultime dans cette ornementation conviviale, c'est le fait-main. Le *home-made*. Le *do-it-yourself*. Le Californien aime fabriquer lui-même, fréquentant assidûment les ateliers, les *workshops*. La céramique est incroyablement populaire, les cours sont partout bondés, et tout le monde possède chez soi des bols, des saladiers, des vases, des pots sculptés par lui-même, offerts par un ami ou trouvés sur un stand. Car nombreux sont ceux qui se reconvertissent dans le commerce de la poterie, ou de la bougie maison, ou du savon, quand ce ne sont pas les lithographies d'amateur. Des marchés d'artisanat se tiennent tous les week-ends. De nouvelles boutiques émergent en proposant tout ce qu'il faut pour devenir autosuffisant, une préoccupation qui colle autant au plaisir de faire soi-même qu'à la conscience *green* : on y trouve le nécessaire pour concocter ses cosmétiques, son pain, sa bière ou pour moudre ses céréales. L'habitant apprend, puis transmet. Je connais une maman qui, aux fêtes de fin d'année, enseigne aux enfants ses créations poétiques toutes simples, comme de recouvrir de fils de laine un bâton de bois : des petits que l'on réunira dans un vase, ou un gros que l'on posera seul contre un mur. Ça, c'est devenu tellement cali que je l'ai vu dans un magazine de déco !

L'idée de création et de partage s'étend parfois au-delà, le cosy-convivial contaminant dans ce cas un pan du dehors. Ces dernières années se sont mises à fleurir dans les quartiers résidentiels des minuscules bibliothèques partagées. Le principe ? Installer devant chez soi une petite vitrine en bois et en verre, souvent fabriquée et peinte par son propriétaire, et la garnir de livres : les passants en prennent, d'autres en déposent, certains se contentent de jeter un œil curieux sans rien emprunter, c'est à la fois une économie circulaire intelligente, une recommandation de voisinage, et un instrument de rapprochement du quartier.

ILS PARTAGENT AUSSI LEURS IDÉES ! PALMARÈS DES INSTAGRAM INSPIRANTS :

@sfgirlbybay

Elle vient de San Francisco, vit à Los Angeles, et est la coqueluche des férus de déco grâce à ses photos qui traquent ce qu'elle décrit elle-même comme le *bohemian modern style*. Son compte ainsi que son blog constituent la destination idéale pour faire jaillir l'inspiration en termes de couleurs, de textures, de détails…

@justinablakeney

Elle est l'auteure du beau livre de référence *The New Bohemians*, a une passion pour les plantes, pour les couleurs saturées, pour le papier peint exotique. Elle décrit son style sauvage, ensoleillé et joyeux en un mot, *jungalow*, mélange (à mon avis) de *jungle* et de *bungalow*. C'est aussi le nom qu'elle a donné à sa ligne de meubles et d'accessoires.

@greyandscout

Cette styliste d'intérieur vit à Denver… mais peu importe puisque le *Cali style* n'a pas de frontières, et qu'il se nourrit de tellement d'autres ! Car on pourrait se croire dans une maison chic de Los Angeles (… ou en Scandinavie) en contemplant ses murs blancs, son espace aéré, ses détails ethniques et cette lumière qui n'a jamais l'air de connaître ni les nuages ni la nuit.

@studiodiy

« *Make life a party !* » proclame Kelly Mindell, qui offre une vision de Los Angeles très différente des autres : joyeuse, acidulée, dans laquelle un collier de bonbons peut être le comble du chic, et où la vie est trop courte pour ne pas inclure des stylos à paillettes, des boules disco et des *rainbow cakes* ! Parce que la Californie n'est pas que subtilement chic, elle est aussi massivement fun.

2005

Date de création de la chaîne **H.D. Buttercup**, *dont les énormes hangars remplis de tous les basiques de la déco californienne sont devenus incontournables.*

42 000 M²

*Surface (gigantesque) de l'***Ikea** *de Los Angeles (à Burbank), doté de panneaux solaires. La chaîne est présente depuis 1990 en Californie, où l'on apprécie (comme partout ailleurs) l'utilité de « Billy ».*

6

Nombre de boutiques **Muji** en Californie, dont une en plein cœur d'Hollywood, une près des plages de Santa Monica et une à San Francisco. Parce que le style californien affectionne aussi ce minimalisme japonais qui s'y intègre idéalement.

PLUS DE 2 500 BROCANTEURS

tiennent chaque mois un stand au **Rose Bowl Flea Market**, *les puces de Pasadena. Les acheteurs, eux, sont 20 000, en quête de la pièce qui rehaussera leurs murs blancs.*

C'est ce que l'on dépense lorsque l'on s'installe au sommet de **Restoration Hardware**, *chaîne de meubles pourtant hors de prix qui a son navire amiral sur Melrose. On peut y profiter de sa vue sensationnelle sur tout Hollywood, de ses longues tables et de ses canapés pour manger, écouter de la musique, somnoler, on peut jouer sur les tables de ping-pong ou de billard… Douceur de vivre + touche de design + rien à débourser : le bon plan.*

H.D. Buttercup

Plusieurs adresses, dont 3225 Helms Avenue (Culver City), 2118 East 7th Place (Downtown Los Angeles) et 500 Broadway (Santa Monica)

http://hdbuttercup.com

Ikea Burbank

600 South Ikea Way (Burbank)

www.ikea.com/us/en/store/burbank

Muji

Plusieurs adresses, dont 7021 Hollywood Boulevard (Hollywood), 2936 Main Street (Santa Monica) et 540 9th Street (San Francisco)

http://www.muji.com

Restoration Hardware

8564 Melrose Avenue (West Hollywood)

www.restorationhardware.com

ED RUSCHA
LOS ANGELES
PARTMENTS

LA DÉCO CHALEUREUSE GRÂCE À LAQUELLE ON RESPIRE : COMMENT S'Y METTRE

Agrandir au maximum l'espace : peu de cloisons, des grandes pièces à vivre, des larges fenêtres. On peut aussi le décupler en usant de grands miroirs.

◆

Let the sun shine in ! Laissez entrer le soleil ! Ce qui se traduit côté peinture par des murs blancs en majesté. Et par quelques touches de pastels ou de vifs dans l'aménagement.

◆

Faire entrer l'extérieur à l'intérieur. Surtout pour ce qui est des plantes : plantes grasses et cactées ont toute leur place dans le salon, la chambre, la salle de bains ou la cuisine.

◆

Privilégier les matériaux naturels : bois brut, belle pierre, osier, mais aussi laine, lin, coton... Mêler avec du métal.

◆

Meubler tout ou partie avec du vintage, du recyclé, du détourné. Écumer les brocantes pour dégoter ses trésors.

◆

Éviter de crouler sous le bazar et les possessions.

◆

Donner envie aux autres d'entrer, de s'installer, de s'attarder en multipliant les options confortables pour s'asseoir.

◆

Panacher les détails inspirés du désert californien avec des éléments venus d'autres cultures : la chaleur du *hygge*, le minimalisme japonais, les motifs ethniques, l'authenticité du folk...

◆

Semer du fait-main. Idéalement, fabriqué par soi, mais ça fonctionne aussi si ça a été acheté en circuit court (marché d'art, boutique de poche).

CONCLUSION

Voilà.

Voilà, en six chapitres et autant de thématiques, une partie de ce que j'ai pu observer, de ce qui m'a intriguée, happée, intéressée, fascinée, en me retrouvant transportée de Paris à L.A. J'ai adopté certaines des habitudes de mes nouveaux compatriotes (d'autres pas), j'ai souri (beaucoup), « chit-chaté » autant que mon anglais le permettait, fait du sport (un peu), mangé (énormément) (mais *healthy*, donc ça ne compte pas), j'ai mis des shorts, moi qui n'en portais jamais, de la crème solaire, j'ai même acheté une succulente (la plante) et des morceaux d'ambre, d'améthyste et de tourmaline (histoire de mettre toutes les chances de mon côté)… Bref, j'ai vécu la vie locale, regardé les couchers de soleil… et apprécié.

Le bonheur à la californienne est une notion qui se vit sur place, bien sûr, mais aussi quelque chose que l'on porte en soi, une philosophie de vie facile à transposer partout où l'on est. Je vais le faire, et j'espère que c'est ce que ce livre vous aura donné envie de faire. *Good vibrations !*

CRÉDIT ICONOGRAPHIQUES

© iStock

Pages 35, 44, 47, 51, 53, 56-57, 60, 66, 74, 87, 94-95, 97, 107, 116, 121, 124-125, 146, 150, 172, 179, 180-181, 190, 194, 199, 238.

© Iris Glon

Page 4.

© Laëtitia Wajnapel

Pages 7, 9, 12-13, 18, 21, 27, 42, 71, 77, 80, 84-85, 88-89, 101, 104, 111, 112, 130, 133, 134, 137, 140-141, 143, 148, 153, 158, 162, 166-167, 183, 184, 187, 203, 207, 208, 214-215, 219, 220, 223, 228, 231, 236.